衣にちにち

群　ようこ

JN179996

集英社文庫

衣にちにち　目次

衣にちにち

一　毎日気温が安定せず

某月某日　毎日気温が安定せず、前日と十度温度差があったり、日中になっても気温が上がらなかったり、真夏かと間違えるような晴れの日の翌日に、一転して暴風雨に見舞われたりする。いったいどうなってるんだといいたくなる。ゲリラ豪雨の登場以来、ここ何年かの天気の変化は相当なものだ。

そこでいちばん困るのが着るものだ。私は居職《いじょく》なので、お勤めの人たちほど悩む必要はないが、それでも困る。洋服の所有数が少ないこともあり、一年分の服がずっと出っぱなしになっている。この時季、家での格好は、Tシャツの上に薄手のニットのカーディガンだ。下はチノパンツ。その格好で寒いと、首にスカーフを巻いたり、カーディガンが厚手になったり、チノパンツのかわりに、おばちゃん用の裏起毛のデニムを穿《は》いたりする。また冬から春にかけて愛用しているのが、モダールの下着で、極薄のレギンスみたいなものだ。モダールは薄くてとても柔らかい素材でよく伸びる。冬場のとても寒い日は、シルクの下着の上にモダールを穿き、その上に「無印良品」のウール混のレギンス、レギンスの上に裏起毛のデニムを穿く。これで真冬もなんとか過ごすことができ、春先のちょっと肌寒いときにも、もたもたせずに何枚も穿いている感じがしない。本当は着物のときの防寒用に買ってみたのだが、着物のときよりもパンツスタイルのときのほうが使い勝手がいいので、ずっと洋服用になってしまった。春になっても気が抜けないので、モダールは待機中である。

某月某日　家の中では右のような格好だが、外に出るときは着替える。ご近所のスーパーに出かけるときもトップスだけは着替える。いや、着替えなくてはならないのである。というのもうちには十五歳になるネコがいて、子ネコの頃から私以外の人には馴《な》れず、そのままずっと今に至ってしまったのだが、歳《とし》を取るにつれて、ますますぺったりとはりついてくるようになってしまった。日に何度も抱きついてきて、すでに胸と腹とが一体化している私の上半身をもみもみする。そのもみもみついでによだれまで垂らすものだから、家での私のトップスは、爪でひっかかれて糸が飛びだしていたり、ひっかき傷ができていたり、よだれでしみがついたりと、悲惨な状態になっている。なのでいくらご近所であっても、そんな服で外に出るのは恥ずかしいのだ。

家でもきちんとお洒落《しゃれ》な格好をしている人は素敵だなとは思うのだが、私の場合は着たとたんに、ネコにとびつかれて、爪でひっかけられ、よだれを垂らされることを考えると、実用第一でお値段もそこそこのものしか買わない。そういうときにいちばんダメージをうけるTシャツは、キッズのものが丈夫で、洗濯にも耐えてくれる。ボートネックで七分袖のオーガニックコットンのTシャツも、私にとってはははずせないアイテムなのだが、肌触りがよい反面、衝撃に弱いことこの上なく、ネコの爪であっという間に穴が開いてしまった。もったいないので、このTシャツを着るときには、毛玉ができて外には着て出られない、ニットのカーディガンを着てガードしている。

冬場ならば上にコートを羽織ってごまかせるのだが、これからの季節は十五分ほどの買い物でも、着替えなくてはならない。ネコが力いっぱい抱きついてきたり、もみもみやよだれがなくなれば、汚れや穴開きも防げるのだけれど、これがなくなったらお互いにとてもさびしいので、いつも泣き笑いの顔で、

「しいちゃんはかわいいねえ」

と老ネコの頭を撫《な》でている。

某月某日　これまではステンカラーの厚手木綿のコートを着ていたのだが、春になって薄手のコートも欲しいと探していたら、ライナーが取り外しできるコートがセールになっていた。私が普段着を買う通販サイトは三か所あって、アイテムによって使い分けている。以前はよいものを買って、長い間着ようと思っていたけれど、世の中の流れがそ

うではないと思い知り、不本意ではあるが、二、三年が限度と割り切って、服を買うようになった。そのコートは裏のキルティングのライナーをはずせば、春先から真冬まで着られそうなので、一日考えて購入した。そして現在、ご近所用に活躍してくれている。春なのでもうちょっと色が明るければよかったと思ったのだが、紺色か濃いベージュの選択肢しかなかったので、仕方がない。首まわりに明るい色のスカーフを巻いて着ている。

電車に乗って出かけるとなると、またまた頭が痛い。こんなに天候が不順だと、着物の雨コートはフルレングスで体を覆っているとはいえ、あの突然の大雨や強風にはとてもじゃないけど対処できない。洋服でも寒ければそれなりのコートが着られるけれど、面倒くさいことにコートを着るのが辛《つら》いほど、気温が高い場合もある。そんなときに便利なのが、ニットのロングカーディガンである。これも通販で買ったもので、リバーシブルで着られるようになっていて、ご丁寧に襟元についているタグの他にもう一枚、デザインの違うタグが添付されていた。裏側は地味目になるので、表側のほうだけを着ている。本体が薄手なので、最初は、

「これで大丈夫なのだろうか」

と不安だったのだが、極寒のとき以外、冬場の暖かい日や春先の肌寒い日にはとても重宝している。凸凹《でこぼこ》がある編み地なので、結構、ぞんざいに扱っても皺《しわ》になりにくく、

手がかからない。無地好きの自分としては、襟と前立ての配色が大胆な選択だったのだが、一部の女性のツボには、はまるらしく、褒めてくれる人は、

「それ、大好きなのよ」

と着るたびに何度も褒めてくれるので、ありがたい。とっても薄手で軽いのに暖かい。雨に濡《ぬ》れてもすぐ乾き、ずいぶん便利に使っている。ただニットはひっかけるのがこわい。以前も大枚をはたいて買ったカーディガンが、うちのネコのとびつきによって穴が開き、一瞬にして家着になった経験がある。なのでニットを着て外出したときは、ネコが玄関にやってくる前に素早くベッドルームに駆け込み、すぐに脱ぐというのを鉄則にしているのである。

某月某日　ベッドルームのクローゼットは自由に棚をつけられるように、可動式になっている。私は百五十センチそこそこと身長が低いので、コートがひっかからない位置に棚をひとつだけ設置して、その下に上下二個ずつ引き出しをいれて、春夏用肌着&普段着、外出用トップス&カットソー、残りの二つに同じように秋冬用をいれている。季節が変わると取り出しやすいように、上下の引き出しの中身を入れ替え、洗濯をすると、それぞれの引き出しの中にいれるだけである。
先日、あらためて引き出しを点検してみると、これから初夏にかけて着るための服、

それもご近所ではなく電車に乗っての外出用のトップスがとても少ないのに気付いた。スカートはそれぞれ素材の違うタックスカートと、セミフレアスカートがある。私はチノパンツはともかく、裾幅が狭いパンツでないと似合わないので、そういったスタイルのパンツは色違いで何本か持っている。でもトップスがないのだ。

「うーむ、気がつかなかった」

毎日、外出する用事がある人は、日々、どれがあって、どれがないかをチェックすることができるが、いつも家にいるとそのへんのチェックが甘くなる。冬や真夏はそれなりにイメージがわくのだが、薄着になってくる初夏から夏までが、私にとってはどうやっていいのかわからん季節になる。去年も人と会うために外出したはずなのに、どんな服を着たか記憶がない。着物だと相当前でも覚えているし、人が着ていたり彼女たちが買ったりした着物や帯も覚えているのに、洋服の記憶はすぐに消えてしまうのだ。外出は着物でと考えていたが、気候、場所、用件によってはふさわしくない場合もあるし、帰りに食材の買い出しをと思うと、着物で大荷物も憚《はばか》られる。なので何種類かの外出用パターンが必要になるわけだが、いったい自分が何を買うべきで、何が必要なのか、まったく頭が働かない。

中高年向けの番組でファッションの特集をしていたので見てみると、デザイナーが、

「好きな色ではなくて、顔うつりのよい、顔がぱっと明るくなる色を選べ」

といっていた。もっともである。私よりも少し年上の服装に悩む女性が、モニターとして出演していたが、たしかにアドバイスを受けると、顔も明るくなりスタイルもよく見える。でも彼女はたしかにお腹《なか》まわりに肉はついているけれど、背が高いし、足も長い外国人体形で、もともと洋服が似合うタイプの人なのだ。アドバイスは参考になるけど、着姿は私にはぜーんぜん、参考にならないんだよね。

「やっぱりそういった人を選んでる。アドバイスは参考になるけど、着姿は私にはぜーんぜん、参考にならないんだよね」

雑誌でもテレビでも、こういったいわゆる変身番組にだまされ続けている私は、またかと思いながら、じっと自分の姿を鏡で見た。お腹まわりの贅肉《ぜいにく》はカバーできても、身長が低いのはカバーできない。カバーできているという錯覚だ。ヒールの高い靴を履いているのは誰が見てもわかるのだし、膝下が短い人が高いヒールを履いているのはみっともない。履くのにふさわしい足の長さがあるのだ。

チュニックもベルトをして、ブラウジングをすれば、気になるお腹まわりもカバーできるといわれる。私もふだんはまったくベルトをしないのだが、何年か前に自分の身長に合わせて、それほど幅が広くないベルトを買って、当時持っていた薄手のチュニックにつけて、ブラウジングしてみた。しかし長さの短い笹団子《ささだんご》みたいで、チュニックをそのまま着て、下に細身のパンツを穿いたほうが、私にはすっきり見えるような気がした。私くらいの身長ではなるべく分断しないほうがよいようだ。おまけにベルトについていた金属製のバックルが、それほど大きくもないのにとっても重くて、装着すると腰につけられた縄を前から引っ張られているようだった。

ではどうするかである。外出用のヒールのある靴は、デザイン違いの黒のローヒール二足のみ。スカートも二枚しかないので、下半身はそれでいいとして、トップスをどうするかである。インナーにしても、明らかにTシャツっぽいものだと、私の年齢ではカジュアルすぎるので、コットンでも上質なものか、やや光沢がある感じのものにすればいいのかと探して、通販で購入した。当然、これだけでは外出できないので、何か羽織るものが必要だ。そのとき昨年は麻のジャケットを持っていたのを思い出したが、何度か着てクリーニングに出したら、みすぼらしくなってしまったので、廃棄したのだった。昔はテーラードのジャケットもそれなりに似合っていたと思うのに、最近は似合わなくなった。

「どうしよう、困った、困った」

百万回つぶやきながら、以前服を購入したことのある通販のサイトを見ていたら、いくつかこれならいいのではないかというものが見つかった。一枚は襟に飾りがついたカーディガン。飾りが取り外しできるとわかって購入。もう一枚はレースの厚手のブラウス。手持ちの「スティーブン デュエック」のネックレスをすれば、ランチであればホテルの会食も大丈夫そうだ。そしてカジュアルな場所で食事をするときのためにベストを一枚。私にしては思い切った色とデザインである。下は薄いグレーのコットンのパンツでいけるかもしれない。でもこれにプレーンな黒のパンプスは似合わないのではないか？　となると黒いパンツのほうがいいのか。でもそうなると下半身が重くないか。となるとトップスを変更したほうがいいのか？　いつになってもいつまでたっても、着るものには悩み続けているのである。

(二) 連日、ものすごい風が吹いている

某月某日 日中、新宿のイタリアンレストランで会食があり、購入しておいた、ビーズつきの飾り襟がついているカーディガンを着ていった。早速出番があってうれしい限りである。ボトムスは膝丈の、前側の左右に二本ずつのプリーツが入っているセミフレアの黒のスカートに、大根足隠しの黒のタイツ。靴は二足しか持っていない、外出用の黒のローヒールのパンプスである。風が強くて気温が低い日だったので、その上にロングカーディガンをコートがわりにして出かけた。

飾り襟がついたカーディガンが珍しかったらしく、同席していた女性に、

「それ、付け襟ですか」

と聞かれた。ニットのカーディガンの襟ぐりの内側にボタンがついていて、羊革にビーズの飾りがついた襟を装着してあるのだと話すと、

「へええ」

とじっと見つめている。やはり着ているものに目を留めてもらえるのはうれしい。特

に必死に頭を使って、やっと選んだアイテムならばなおさらだ。

たっぷりおいしいランチをいただいた後、着物の手入れや寸法直しの件で、伊勢丹の呉服売り場に行く。実家からどっかんどっかんと、タンス四棹《さお》分のものすごい量の母の着物が届いたので、それをまず箱詰めにして伊勢丹に送り、状態がどんなものかを相談しにいったのである。それらはすべて私が母に買わされたものなので、私としてはやっと手元に戻ってきたという感じだった。

そこでも担当の方や、売り場の店員さんに、

「それは付け襟ですか。どこのブランドのものですか」

と聞かれた。

「マークバイマークジェイコブスだったような……」

と答えると、

「とってもいいです。ビーズの色が落ち着いているので、丸襟でも全然子供っぽくなくて素敵ですね」

と褒めていただいた。ありがたいことである。

カーディガンに比してスカートの値段がとても安かったので、やっぱりバランスをとって、もうちょっといいスカートを買ったほうがいいかなと思ったものの、ものすごい量の着物が届いたので、これからはますます着物を着るのに精を出さなければみんな無

駄になる、とスカート購入は忘れることにした。帰りがけに昔、気に入って買っていた服の売り場を覗《のぞ》いてみたが、あまりにとんがりすぎていて、もうおばちゃんの出番はなさそうだった。すごすごと帰ってきた。

某月某日　連日、ものすごい風が吹いている。駅周辺に新しいマンションが建ったびに、吹いている風とビル風が合体し、

「どっひゃー」

といいたくなるような、すさまじい風が吹く場所が新たに出現する。なので強風のときは、回り道をして住宅地の路地を歩いていくと、被害が多少はましになる。この季節になると日焼けも心配なので、帽子をかぶるか、「サンバリア100」の日傘をさすのだけれど、すさまじい強風だと、あっという間に、飛ばされそうになる。メリー・ポピンズのように優雅に宙を舞うのではなく、まるでゴムのパチンコですっ飛ばされたように、飛んでいきそうだ。まあ、握力が弱くなっているので、体は飛ばされず、日傘だけが飛んでいくのだろうけれど。

買い出しのときは手で押さえられる帽子をかぶり、シルクコットン製のチュニックに、下はチノパンツ、足元は「ヨネックス」のパワークッションのスニーカーで外に出る。最近、アンディ・ウォーホルのエコバッグが気に入っていて、これを持って買い物に行

くと、高齢のご婦人、つまりおばあちゃんたちが、じーっとバッグを見ている。銀色に光っているので、何だろうと思っているのだろうか。

ひどい強風なのに、薄手のひらひらしたミニスカートを穿いている女子がたくさんいた。

「あんたたち、スカートがまくれたらどうするつもりなのか」

と聞きたくなる。しかし私が目撃した七名のひらひらミニスカートのうち、必死に押さえていたのは一名のみ。残りの女子は平然と闊歩《かっぽ》している。

私の前を歩いていた女子の下半身をよく見ると、それはキュロットというかフレアパンツになっていた。しかし後ろから見ていると、ピンク色の地に黒のドット柄のフレアのひらひらが、お尻の下のラインが見えるか見えないかの位置まで微妙にまくれあがるので、おばちゃんとしては、

(いったい、どうするんだ。パンツ、大丈夫か)

と心配で胸がどきどきしてきた。ぶわっと強風が吹いてきて、そのフレアパンツがまくれあがり、内心、

(うわあ)

とあせったのだが、彼女はその下に真っ黒いボクサーパンツを穿いていた。

そのとたん、何か白いものが見えるのではと案じたテンションが、しゅーっと萎《しぼ》んで

いくのを感じた。心配して損したという気持ちになった。男性だったら、期待が最高潮になったのに、一気に奈落の底に突き落とされた気持ちになったのではないか。

「それにしても、あのひらひらの下に真っ黒いボクサーパンツはいかがなものか。たしかにいやらしくは見えないが、それだったら強風の日に、ひらひらを穿かないほうが男性にも気を持たせないし、同性にも気を揉《も》ませないのでは」

と考えたのだが、まあそれは余計なお世話というものだろう。噂《うわさ》によると現在はスカート派よりもパンツ派のほうが増えているらしい。特に中高年はその比率が高く、テレビショッピングでもパンツの紹介のほうが多いようだ。スカートだと天変地異や突発的な事故などで、避難の際に大股を開くのは差し障りがあるかもしれないが、ひらひら女子のように、下にボクサーパンツを穿いていれば、風でスカートがまくれても、駅の階段で下から覗かれても、怖いものなしである。おばちゃんが取り越し苦労をしても、女子たちはそれなりに対処法を考えているのがわかった瞬間であった。

某月某日　初夏の気配が強くなってくると、ウールのカーディガンでは暑い。外出着もそうだが、家での格好も、いったいどうしたものかと悩むようになる。それに毎日、気温差があると、昨日と同じような格好では暑かったり寒かったりと、その日にならないと、というかその日になっても、時間帯によって何を着ていいのか迷う。面倒くさいと思うものの、そのたびにいろいろと頭を使うので、少しは脳の活性化につながっているのかもしれないと、考えるようにしている。

この時季に重宝するのはベストである。私は若い頃、お年寄りが揃《そろ》いも揃ってベストを愛用している理由がわからなかった。腰の曲がった近所のおじいちゃんやおばあちゃんは、冬場はもちろんのこと、春を過ぎ初夏の気温になっても、ベストを着ていた。前開き、かぶりタイプ、どちらも手編みで、おじいちゃんはグレーか薄茶、おばあちゃんは藤色《ふじいろ》が多かったように思う。そしておばあちゃんは襟元にスカーフを巻くのが、典型的なスタイルだった。

お年寄りたちはその格好でとても愛らしかったのだが、若い私としてはベストはとても野暮ったいものだった。ヒッピームーブメントがあった高校生のときは、私もベルボトムのジーンズにロングベストなんかを着ていたけれど、社会人になってからは、ベストにはまったく興味がなかった。男性は三つ揃いのスーツ、女性は制服で三つ揃いを着る以外、若い人でベストを着ている人はあまり見かけなかった。

ところがこの歳になると、ベストのありがたみがわかるようになった。ベストはすごい衣服なのである。たとえば冬場、風邪《かぜ》の引きはじめなのか、背中がぞくぞくするときがある。そんなときセーターを重ね着するのはおおげさすぎるし、そのままではちょっと肌寒い。何かないかとタンスを探していたら、大昔に着物用に編んだ、よれよれのV

ネックの手編みのベストが出てきた。これでもいいやとセーターの上に着てみたら、背中と腰を温めてくれて、本当に楽になった。ちょっと前までは年寄り臭いと敬遠し、そして自分でもあまり似合わなかったのに、どういうわけかとても似合うようになり、冬場のベストは本当にありがたかった。私もベストが似合うようなお年頃になったということなのか。そしてそのベストは、一冬着倒して、ネコの爪で穴だらけになり、使命を全うしてくれたのであった。

ということで、シルクネップ（絹とレギュラー綿の混紡）の薄手ニットのベストを購入。春になっても、初夏の声を聞くようになっても、気温差の激しい時季にベストは本当に重宝している。軽くて保温性があるし通気性もいい。この時季の家での仕事スタイルは、ボートネックの七分袖Tシャツの上にベストを羽織る。首もとが心もとないのと、洗濯物を干すときに首筋の日焼けが心配なので、これもいつ買ったか記憶がないくらいに古い、「エルメス」のポケットチーフを首に巻く。バンダナを巻いていたときもあったけれど、何となくかさばるのが気になっていた。四十二センチ角のポケットチーフだと本当に小さくて、首まわりをひとまわりだけ巻くのにちょうどいいのだ。

時間がとれたら手持ちの毛糸や夏糸で、ベストばかりを編もうかと計画している。ボレロは外出用にはかわいいのだが、中高年の背中や腰を温める役には立たない。やっぱりベストなのである。先人の姿はいいことを教えてくれると深く納得した。今は私はべストの愛用者になったといっても、手持ちはこれ一枚だけなので、あとは自主製作に励むしかない。

たまたま見かけた、衣類を発展途上国や難民キャンプに送った人のブログによると、いちばん喜ばれるのはジャージーで、毛糸のものだと、ベストがいちばんいいらしい。着る人の性別やサイズが特定されない、つまり人を選ばないので配布しやすいとのことだった。セーターだと胸囲のサイズが合ったとしても、袖丈や着丈が合わないと難しい。女性向き男性向きがあるし、大人用を子供が着るのも難しい。しかしベストはある程度余裕のある胸囲であれば、男女で共用でき、色が赤であってもピンクであっても、それなりにおさまってしまう。また子供には洋服を着た上に防寒着として着せても問題はない。丈が膝下になっても、コートがわりになっていいというのだった。

「なるほどね」

と私は感心し、ますますベストが好きになった。昔は毛足の長いベストを着ると、マタギのように見え、シンプルなVネックのベストを着ると、学校職員のような雰囲気だったのに、今はもうベストとお友だちである。編み物は好きだが、最近は前後の身頃が編み上がると体力的にも精神的にも一段落してしまい、それをふるい立たせて袖を編むテンションに持っていくのが、なかなか難しくなった。しかしベストだと袖がいらないので、一気にいける。Tシャツ一枚で外出するのは憚られるが、夏糸で長めのベストがあると、普段着としてとても助かる。新しい衣計画に向けて、一歩、踏み出したのであった。

三　友だちと歌舞伎座《かぶきざ》の柿落《こけらお》とし公演

某月某日　友だちと歌舞伎座の柿落とし公演。彼女が切符を入手してくれたので、二人で着物を着て行った。衣替え目前の時季だったけれど、雨が降るというので、大島の袷《あわせ》で出かける。湿気が多いし、本来ならば単衣《ひとえ》がいいのかもしれないが、袷を着た理由は、手持ちの単衣の着物の柄と雨コートの色が合わなかったからだ。雨コートはいちおうどれにでも合いそうな色、あまり目立たない細かい柄を選んだつもりが、合わせてみたら、ちょっと気持ち悪い色合いになってしまった。単衣は着る時期が短いので、つい派手目のものを選んでしまう。こういう場合もあるのだと納得した。

帯は袷と単衣の端境期《はざかいき》に便利といわれて、ずいぶん前に購入した、すくい（緯糸《よこいと》を通してある織る道具で、経糸《たていと》の下に置いた下絵どおりに経糸をすくいながら模様を織る技法）の名古屋帯。いつもは前で結んでぐるっと後ろに回すのだが、素材がすべりにくいので、後ろ結びで着付けた。お太鼓が大きいのではないかと、ずっと気になっていた。友だちは、

「そんなことないわよ」

といってくれたけれど、やっぱり気になって仕方がない。
これまで歌舞伎座に行くと、着物を着ている方々のお召し物が目の保養だったのに、たまたま行った日がそうだったのか、びっくりするほうが多かった。コーディネートについては、それぞれの好みなので、好きなように楽しく着ればいいのだけれど、やはり紬《つむぎ》の着物に銀色に光る礼装帯を、ふくら雀《すずめ》に結ぶのは、基本的な部分で問題だと思う。着ていたのは三十代後半の女性だった。少しでも着物を知っている人がそばにいたり、あるいはその組み合わせを事前に見ていたら、だめですよとアドバイスをしただろうに、自分で合わせてみて、いけると思ってしまったのかな。どちらかというと派手な着物の方が多く、帰るときにお見かけした、とってもお顔が小さい女優の富司純子《ふじすみこ》さんの着物姿が、シンプルでとても素敵だった。私は「緋牡丹お竜《ひぼたんおりゅう》」の大ファンなので、感激しつつ雨降りのなかを家に帰った。

某月某日　水を体の中に溜《た》め込みやすい体質なので、湿気の多い日は、どことなく体が重い。胃を温める漢方薬のおかげで、体重が八キロ減り、以前よりは楽になったけれど、根本的な体質は完全に変わるわけではないようだ。週に一度、漢方薬局で体調のチェックと、煎《せん》じ薬《ぐすり》を調剤してもらうようになって、五年目になる。ずっと家にいて仕事をしているので、週に一度でも電車に乗る決められた外出があると、服装でも人目を気にするため、家にいるときの、特に梅雨時《つゆどき》から夏場にかけての、楽ちんならばよしという、ずるずるファッションを見直すきっかけになっていい。

家着姿の自分を鏡に映して、

「これじゃ外に出られないよな」

と我ながら呆《あき》れる。どんな格好をしているのですかと、若い人に聞かれたことがあり、

「ぴったりしていないTシャツと、下はフルレングスのパンツよ」

とこたえたら、

「きちんとしているんですねえ」

と驚かれた。彼女はこの時季は、外出時にはフルレングスのパンツを穿くけれど、室内では股下何センチといったほうが早い、短パンしか穿かない。そして真夏になると上に着ていたTシャツがタンクトップになり、

「人が来ないとわかったら、裸族《らぞく》です」

というのだ。

「いやあ、おばちゃんは下手《へた》に足を出すと冷えたりして、後が困るのよね」

といったものの、こんなずるずるスタイルではと思っていた格好が、ちゃんとしているといわれて、ちょっと驚いた。

通勤、通学がある人は、ほぼ毎日外出があるわけだから、気分も体も解放する意味も

あって、裸族の日もあっていい。しかし私の場合は、毎日裸族でも大丈夫な仕事である。私の性格からして、それを自分に許したら、ものすごいことになりそうだし、いちおう女なので、自分の家だが同時に仕事場でもあると、自分なりにラインを引いているのだ。

その後、リンパマッサージを受ける。マッサージはいつも着衣のまま上半身だけなので、先生が施術しやすいような服を選んでいる。といってもTシャツ一枚での外出は控えたいので、風通しのいいチュニックブラウスに、下はパンツというスタイルである。以前よりはましになったものの、私は麻の布地が肌にこすれると、赤く麻負けするタイプなので、麻の服は涼しいとわかっていても、おいそれとは飛びつけない。麻にもいろいろあるようで、やはり質のいいものだとそんなことにはならない。今日、着ていったのは、ブルーグレーの地にハンドプリントが施してある麻のチュニックブラウスで、とても着心地がいい。汗をかいてもすぐに乾き、こまかい皺加工がしてあるので、洗濯をしてそのまま干しても問題がなく、扱いがとても楽なのだ。前を開けて羽織物としても着られるので重宝している。

某月某日　数日後に女優の小林聡美《こばやしさとみ》さんとの雑誌の対談があるので、ショートから伸ばしていた髪の毛を、以前からお世話になっているヘアメイクの女性に、いつものように私の家でカットしてもらった。毛先が不揃いだったのを揃えてもらい、十五年ぶりのボブになった。それまでのボブスタイルをショートカットにしてくれたのが彼女だった。おばちゃんのボブスタイルは、一歩間違うととても微妙になる。

「変だったら正直にいってね」

「大丈夫ですよ。髪の毛の張りも量も十分ありますから」

私は相変わらず白髪はそのままでカラーリングしていないので、見苦しくならないようにしなくてはいけない。そのときに着ていた、いつ買ったかも忘れた、「コム デ ギャルソン」のTシャツを褒めてもらった。私も大好きなTシャツで、大切に着ているのだが、こういう一枚が手元にあって、またそれを褒められるとうれしくなる。

某月某日　ヘアカットは済んだものの、問題は今日、着る服だ。私は写真を撮影されるのがとても苦手なので、基本的にはお断りしているのだが、今回は私の本が七月にWOWOWでドラマ化されることになり、主演が小林さんなのでそのつながりでお受けしたのだ。小林さんとは知り合ってから二十年になるけれど、雑誌で対談をするのははじめてだ。見ず知らずの人と会う前はとても緊張するけれど、そうではないのでそちらのほうは気が楽なのだが、着る服は本当に困る。ヘアメイクやスタイリストをお付けしますかと、間に入ってくれた人が気を遣って下さったらしい。そうなると大事《おおごと》になるので、お断りした。

私の手持ちの洋服は少ないし、特に今の季節のお出かけ用の服は、これがあれば大丈夫といったものは用意していなかった。着物だったら調達できるけれど、今日は単衣と夏物の端境期だし、気温が下がった日なので、雑誌の発売日に合わせた透けた夏物で出歩くわけにもいかない。また、対談の前にリンパマッサージの予約をいれていたので、着物は断念。カジュアルな雰囲気でもいいのかもしれないけれど、その度合いが難しい。

何かないかと必死にクローゼットを探っていたら、端っこに紺色のレースの襟なし、長袖のブラウスがあった。紺色で襟ぐりが広めに開いているので、何とか対応できそうだ。アクセサリーはスティーブン デュエックのシルバーのものにした。ペンダントトップはリバーシブルで使え、今回は表の白蝶貝《しろちょうがい》ではなく、裏のシルバーのほうを出して使用。ボトムスは麻のスカートだと素材感もデザインも合わなかったので、夏喪服のセミフレアのスカートを流用。足元は黒のローヒールである。

その格好で漢方薬局に行くと、いつもパンツスタイルなので先生に驚かれた。理由を説明し、

「いくつになっても、いったいどんな色やデザインを着たらいいのかわからない」

と訴えると、

「パステルカラーも似合うと思うけど」

とアドバイスしてくれた。着物だったらおおまかにいってしまえば、ピンク色でもク

リーム色でも着るのだけれど、洋服はデザインされているので、その形と色が私に合うかが難しい。レースやフリルなど、素材やデザインが女性らしいものだと、色は紺か黒のもの、明るい色の場合はデザインがシンプルなものを選ぶようにはしているが、最近は色が明るくデザインが派手なものが多いので、どうやって選んでいいのかわからないのだ。新しく購入した服もブルー系のものばかりだし、あれこれ考えたくせに、ちっとも選ぶものは変わらないような気がする。

緊張しつつ対談は終わった。小林さんは相変わらずカジュアルながら素敵なファッションで、とても実年齢には見えず、かわいらしかった。

某月某日　明日は書き下ろしの小説のタイトル等を決めるため、ホテルでランチを食べながら編集者と打ち合わせ。雨が降るというので、スカートはやめてボトムスはパンツにする。となるとトップスは、お尻を隠す長さが必須なので、その結果チュニック着用になる。カジュアルに見えすぎるのも困るので、クローゼットの前に立って、またしても腕組みだ。何万回同じ行動をとっているか、想像もつかない。出かけるときから雨が降っていれば、着物にフルレングスの雨コートで出かけられるし、そうしようかとも考える。着物でたくさんの荷物を持ちたくないので、食材の買い出しは今日中にしておこうと、午前中に買い物に出かける。

気温との兼ね合いもあるので、いちおう洋服バージョンと着物バージョンを選んでおく。

麻のチュニックか、先月着用したシルクコットンのチュニックがあまりに使い勝手がよく、色違いのシルバーグレーも購入したので、そちらにするか迷う。暑かったら麻、気温が低かったらシルクコットンのほうにしよう。

洋服か着物かどっちか一種類だと選ぶのもまだ楽なのに。そろそろどちらかはっきりさせないと、いつまでたっても物は増えるばかりで、管理をするのも手に余る。困ったものだ。

もうひとつの選択肢の単衣の下に着る薄物の襦袢《じゅばん》を出してみたら、どれにも半衿《はんえり》がついていなかった。通常の連載の仕事の他に、今月末までに書き下ろしの初校ゲラのチェックもあるので時間が取れず、着物はあきらめる。無理矢理に時間を作れないわけではないが、今日はそれをやると、仕事に対する集中力が途切れそうなのでやめた。時間があるときに準備しておかないから、このような有様になると、自分をちょっと叱っておく。

某月某日　気温が低く雨が降っているので、シルクコットンのチュニックに、モカ色のクロップドパンツで出かける。アクセサリーは小林さんとの対談のときと同じもので、ペンダントトップの表の白蝶貝のほうを使った。一足、処分したため補充した靴が、偶然、パンツの色と同じだった。おろしたての靴が雨に濡れるのは悲しいが、いたしかたない。タイトルは編集者がたくさん考えてきてくれたなかのひとつを、私が一部修正して五分ほどで決定。心置きなくランチをいただくことができた。洋服で出かけるたびに、やっぱり着物にすればよかったと、ちょっと後悔する。

「それならそうと腹を括《くく》れよ！」

ともう一人の自分がめちゃくちゃ怒っている。おっしゃる通りでございますと、内なる自分に土下座をするしかないのだった。

四　盛夏を前にやる気が起きない

某月某日　湿気が多くてうんざりする。限度はあるが、高温はまだ耐えられる。しかし、湿気が多いとすべてのやる気が削《そ》がれる。盛夏を前にして、服の整理をしなくちゃと思っているのに、まったくやる気が起きない。家事はやる気がなくても、仕事はしなくてはいけないので、落ち気味の気持ちをふるいたたせて、パソコンの前に座る。といってもすぐにスイッチが入るわけでもなく、ネコをはじめとするかわいい生き物画像などを見ているうちに、あっという間に一時間は経《た》ってしまう。時計を横目に見つつ、ブログチェックはやめて、原稿書きに入る。

この時季の家着は楽なものに限る。今まではもんぺを愛用していたのだが、着用不能になってしまったので、ウエストゴムのだぼっとしたリネンの茶色のパンツを購入。基本的に麻は肌にちくちくするので苦手なのだが、これは大丈夫だった。同じくたまたま見つけたリネンの茶色のクロップドパンツも、肌が痛くならないというコメントがついていたので、それを信じて購入してみたらその通りで、着用時の不快なトラブルもなく穿いている。

　穿き心地がよかったので、ウエストゴムのリネンのパンツは色違いの黒も追加購入。上は肌着のシルクのタンクトップの上に、大きめの半袖Tシャツ。最近のレディースものは、シンプルなTシャツの形からはずれているので、家着にするにはとても着にくい。もともとメリヤス編みは暑いし、それが体にぴったりくっついていると、湿気が多くても暑くても息苦しくなってくる。なのでメンズサイズのSかMを買う場合が多い。上も下も体にフィットしない、ぶかぶかのサイズが楽なのである。そして汗をかいたら、すぐに着替えるのが鉄則なので、洗濯回数も多いのに、ありがたいことにこのパンツたちは、がんばってくれている。ただしリネンのパンツはすぐにお尻や膝の部分が出てくるので、室内限定で外には着て出られない。

　前回、打ち合わせに着ていったモカ色のクロップドパンツは、最初に穿いたときに、ちょっときついかしらと思ったのだが、ファスナーも閉まり両脇のポケットも広がらないので、これでいいのかもと着ていった。ふだん家では体に密着するような服は着ないので、ストレッチ系のぴったりした服のサイズの、ちょうどいい頃合いがよくわからないのである。気になってもう一度穿いてみたら、自分の体にぴったりになっていた。どうやら私の体に合うように、いい具合にストレッチが伸びてくれたらしい。ただしハンガーにかかっている姿は、私の下半身の形状をそのまま反映して、ものすごーく不細工になっていたが。

　丈もサイズもぴったりなので、こちらも色違いの黒と、冬場は下にタイツを穿くので、ワンサイズ上の黒も購入した。これでしばらくはボトムスに関しては安心できそうだ。


某月某日　サングラスを買うのと、袷の着物の手入れ等の相談、浴衣《ゆかた》が一枚、こちらも着用不能になってしまったので、絞りの柄が大きくない浴衣の反物があったらと、デパートに行く。私はウインドーショッピングが苦手なので、行けばすべての用事が足りるデパートが楽なのだ。

　この日は麻の紺、焦げ茶、紫、黒の大きな格子柄のチュニックに、先日追加購入したストレッチの黒のクロップドパンツを穿いていった。足元はいつもの黒のローヒールである。この靴は一年中、敵《かたき》のように履いていて、ちょっとくたびれ気味なので、同じものを買い直さなくてはならないかもしれない。ネックレスもいつものスティーブン　デユエックのシルバーチェーンに、四角いクリスタルのトップをつけた。

　お世話になっている呉服担当の女性が、

「素敵なお洋服ですね。それはどういう素材ですか」

　と褒めてくれた。国内で染め織られた麻布を使い、プリントではないので、縦糸と横糸が微妙な色合いを作りだしていて、とても美しい布なのだ。麻なのにとてもしなやかで涼しく、羽織物としても使えて夏場のちょっとしたお出かけにはとても重宝している。

「少し、レーヨンが入っているのですか」

そういわれたのでタグを確認してみたら、やはり麻百パーセントだった。一度、クリーニングに出して、よりしなやかさが増したような気がする。色の薄い格子の色違いがあり、残念ながらすでに売り切れていた。私は気に入ると色違いが欲しくなり、さまざまなデザインが欲しいタイプとは違う。だからすべて同一の形状の着物も好きなのかもしれない。

五月末に一度着た袷の着物は十月にまた着て、それから手入れに出すことにし、預けている着物は仕立て直し、浴衣はちょうどいい感じの雲形に絞りのある反物があり、値段も予算を大幅に下回っていたので、仕立てをお願いする。春、秋ほど大々的ではないが、呉服売り場で着物の展示会を催していた。

お茶などの習い事をしている人は別だが、裏のない単衣の着物は、六月と九月にしか着られないのだから、それにお金をかけるのはもったいないといわれていた。どちらかといえば、持っていなくても平気という扱いだったのが、最近の温暖化のせいで、着用期間が長くなり、四月から着ている人もいる。十月になっても着ている人もいるから、袷と同じくらい重要になってきた。私も単衣の数は少ないので、色や柄が単衣向きの紬の着物の裏を取ってもらって着ていた。

これからは単衣のほうが使い勝手がいいかもしれないと、春先に某セールで反物を購入して単衣にした。ところが単衣の帯合わせというのが難しく、なかなかぴったりと合うものが見つからない。もちろんこれから暑い時季に向かうときは、涼しげな素材、秋に向かうときは袷用の帯を締めるといわれているが、そう都合よくぴったりと合う、素材や柄行《がらゆ》きの帯が手元に揃っているわけではないのである。かといってほいほいと着物や帯を増やしていると、それに反比例して老後の生活費が減っていくので、自粛しなければならない。

しかしこんな私の心を見透かしたように、

「単衣の時期から夏場も締められる、珍しい素材の帯が入ってきましたので、ご覧になりませんか」

と担当の女性が見せてくれた。竹素材で作られたものだという。最近は竹素材を使った商品が多く、合織でも夏場に快適に着られる襦袢、着物などが出回るようになった。私も襦袢は何枚か持っていて、たしかに昔の合織のものに比べて、着用しても快適になっている。

以前、夏帯が欲しくて何本か見せてもらったけれど、どれも私が望む、すかっとした雰囲気がなく、いまひとつだったので購入は保留にしていた。しかしブルーの地のすっきりとした、その紅型《びんがた》の帯を一目見て気に入ってしまった。手持ちの単衣や夏の着物のほとんどに似合いそうだったので、仕立てをお願いしてしまう。現在、着物や帯を断捨離中で、ふだん着物を着ている友人たちに贈呈しているのに、それなのに増やしてどうするっと怒っている自分と、いい買い物ができたと喜んでいる自分がいる。

（あげたものは昔に買った派手なものだったり、似合わなくなったものばかりだし。これからおばあさんになっても使えるものを買ったんだからいいの）

　勝手にいいほうに解釈した。安心な老後は遠のいていくばかりである。

　サングラスは去年も探したものの、どれもフレームが大きく、またレンズのほとんどがグラデーションになっているのが、背の低い私にはバランスが悪く、顔立ちにも全然、似合わなかったので、先送りにしたのだ。持っているのは、十年近く前の「カルティエ」のもので、形がオーバルタイプのものだ。ブランドは関係なく、サングラス売り場で店員さんと一緒に選んで、何とか大丈夫そうだったのがこれだった。ベランダで洗濯物を干すときにも使っていて、どんな服装にも合うから便利ではあるのだが、別の雰囲気のものがあると、気分転換にもなっていいと思った。しかし、トレンドと私が相容《あいい》れず、一年後に期待したわけである。

　やはり今年もグラデーション全盛であるが、うれしいことに控えめなものも多くなっていた。フレームが大きくなく、できればレンズがグラデーションでないものというと、ジャニーズ系の若い店員さんが、見事にツボを押さえたサングラスを持ってきてくれた。

ブランドがひと目でわかるのは抵抗があるけれど、テンプル部分のちっこいマークくらいは仕方がないと購入。濃紺のレンズもほとんどわからないくらいのグラデーションで、フレームも一見濃紺だが、よく見ると紺と黒の細いよろけ縞《じま》になっている。一年がかりで欲しかったものが買えて、喜んで家に帰った。


某月某日　週に一度の漢方薬局の日。おかげさまで特に問題はなく、先生と、

「本当に着るものに困るわよね」

とうなずき合う。彼女は「ズッカ」やコム デ ギャルソンで服を買うのだけれど、これでいいのかなあといつも首を傾《かし》げているとか。

「ふだんはずっと白衣だから、夏場はほとんどTシャツに細身のパンツなんですけどね」

いつもはパンツスタイルなのに、珍しくその日は白衣の下にズッカのプリントのスカートを穿いている。

「かわいいじゃないですか」

と褒めたら、

「そうお？　ふーむ」

と首を傾げる。中年女性は誰でも、着ているものを褒められてうれしい反面、そうなのかなあと自分の選択に自信を持てないものなのだ。

この日は、黒地に紫陽花《あじさい》のように見える柄がプリントされた麻のチュニック。ほどほどに透けるので、下に長袖Tシャツを着ても、タンクトップでもそれなりにおかしくないので、春先から夏前まで便利に着ている。

「着物の柄のようにも見えますね」

先生にそういわれたが、私は着物柄の洋服は好きではないのだけれど、自然とそのような雰囲気のものを選んだのだろうか。

某月某日　私は一年中、ベッドに入るとどんなに遅くても十分で寝られるので、睡眠障害とは縁のない体質なのだが、気持ちよく寝られないのが嫌なので、家着よりもパジャマのほうにお金をかけているかもしれない。冬場はネル、春、秋はダブルガーゼ、夏はシングルガーゼのパジャマを着ている。漢方の先生から、

「あなたの体の不調は、ほとんど胃からくるものなので、胃は冷やさないように」

といわれているので、夏もシルクの腹巻きは必需品である。急に東京は猛暑に見舞われ、夜になっても気温が下がらず、シングルガーゼのパジャマに取り替えた。パジャマはよほどのアクシデントがなければ、外に出る必要がないので、ふだん着られないような派手なプリント柄を着る。シングルガーゼ素材は、無地だととことん透けるから、プリント地にしないと、まずいという部分もある。買うときは、

「パジャマにこの値段はもったいないかも」

と腰が引けてしまうのだが、何度も水をくぐった木綿は気持ちがいい。寝巻きと家着の区別をつけず、古くなった家着を寝巻きにする人も多いようだ。私も古くなったTシャツをパジャマがわりに着ていたけれど、寝るために考えられたもののほうが、いいような気がする。寝苦しい夜が一日でも少なくなるようにと願うばかりである。

五　暑さに呆然《ぼうぜん》とする

某月某日　東京では最高気温がここ二日、三十七・四度、三十八・三度。もちろん日本のなかにはこれよりも高い気温の場所もあるのだが、いったいどうしろというのだろうかと、すべてを放り出したくなる。ちょうど連載の締め切り日の合間になったので、おのずと夏休み期間となり、仕事はしなくてもよくなったのだが、仕事を休むのなら、部屋を片付けたいとか、本を読みたいとか、半衿でも縫い付けておこうかとか、やりたいこともいろいろあったのに、この暑さではすべての行動に対する意欲を失ってしまう。といっても食欲だけは落ちないので、朝ご飯を食べてぼーっとし、昼になってご飯を食べてぼーっとし、晩ご飯を食べてぼーっとする。時間がもったいないなあとは思うのだが、体力温存のためには、水分補給をしつつ、家でじっとしているのがいちばんいいような気がする。

日中、クーラーはネコが寝ているベッドルームだけにつけてドアを開け放ち、他の部屋にいるときはそこから洩《も》れてくる風で涼をとることにしている。他の部屋の窓にはすべて、日射しによって室温が上がりにくいようにクールカーテンをつけ、窓は少し開けたままだ。風通しがいい家なので、そこはありがたい。夕方になるとネコが、

「もう結構です」

とベッドルームから出てくるので、クーラーを切る。陽《ひ》が落ちればそれで何とか過ごせていたのが、この日はお手上げだった。いつまで経《た》っても気温が下がらないので、夜もリビングルームにクーラーをつけた。さすがに風があっても、外気温が三十度だと辛い。

「暑いねえ」

とネコに話しかけても、返ってくるのは、

「ふん」

という面倒くさそうな鼻息だけである。家に居ても肌着のシルクのタンクトップとTシャツは、一日に最低一回は着替える。前に書いたように、リネンのだぼっとしたパンツに、だぼっとしたTシャツ。それに首まわりには手ぬぐいが加わって、ほとんどおっちゃんである。暑さに呆然としながら、世の中の人々は、いったいどんな格好をしているのやらと考える。

こんなに暑くなると、日本国民の服装も、あらためて考え直したほうがいい。特に男性はクールビズとはいいながら、シャツは襟つき、ネクタイをしていないと失礼という

考えもまだあるから、気の毒としかいいようがない。襟ぐりが開いているだけで、相当体感温度が違う。こんな猛暑では、女性はみんな昭和のおばちゃんやおばあさんが着ていた「あっぱっぱ」、男性は「甚平《じんべい》」でいいんじゃないだろうか。昭和の「あっぱっぱ」は柄から考えると、ハワイのムームーを下地にして、手元にあった浴衣を再利用したものではないかという気がする。

私も二十年ほど前に、湯上がりに着るワンピースを、手縫いで作った。子供の浴衣地を買ってきて、ただ脇を縫い、頭が出る部分だけを開ける貫頭衣式で簡単に作った。これがとっても涼しくて快適だった。東京の過去の八月の最高気温を調べてみたら、一九六二年に三十七・六度を記録し、一九九四年は三十九・一度、一九九六年では三十八・七度になっている。しかしいずれの日も夜は三十度を下回っている。高温にはなるが、昔は夜はそれなりに涼しかった。しかし今は夜が暑いので辛いのだ。これからは熱帯の服装を参考にしていかないと、暮らしていくのが大変なのではないか。そんなことを考えながら、風呂上がりに白地の浴衣を着る。リバーシブルの麻の半幅帯《はんはばおび》をゆるゆるに締めて、右手の団扇《うちわ》で必死に扇《あお》ぐ。格好だけは昭和の日本の夏である。

某月某日　出かけるときも、天気予報の予想最高気温とにらめっこである。といっても移動中の電車内は冷房がきついので、対策をしなくてはならない。涼しげであまり安っぽく見えない羽織物ということで、いろいろと探してみたけれど、気に入ったものが見つからないので、自分で麻糸で編んだものを着る。一枚は二年前に手元にあった夏糸で編んだボレロで、ニットデザイナーのｍｉｃｈｉｙｏさんの本『リネン、コットンで編む　着回し自在なニットのふだん着』（文化出版局）に載っていたものだ。かぎ針編みは久しぶりだったのと、パターンが折り紙みたいで面白かったので、編んでいてもとても楽しかった。もう一枚は同じくｍｉｃｈｉｙｏさんの『パターンが楽しいニットのふだん着』（文化出版局）から昨年編んだものだ。このときは着るものがなく、切羽詰まっていたので、本に載っていたとおりの糸を購入して編んだ。ざくざくとあっという間に編めたような気がする。

これを生成《きな》り色の薄手の綿のチュニックの上に羽織っていたら、

「そのカーディガン、素敵」

と褒められた。手編みでも特にかぎ針編みのものは、下手をすると「ババ度」が高くなってしまう。若い人はそれなりにコーディネートでレトロっぽくも、洒落た感じにももっていけるけれど、年齢的にレトロに近くなると、その時代に見事に回帰する危険性が高い。でも最近はださくないお洒落なかぎ針編みの本が増えているので、おばちゃんも「ババ度」を上げることなく、着られそうなものが多くなってきた。ただし、昔のようなエネルギーがなくなってきたので、編みたいと思うものはあれど、手が出ずに本を眺めるばかりになっている。これらの羽織物がだめになってきたら、また編もう。

羽織物といえば、春先からずっと、真夏の冷房のきいた車内でも使うため、もはや年間を通しての必需品となった。薄手でも袖まわりにボリュームのあるもの、たとえば上下を逆にしても着られたり、たっぷりとしたドルマンスリーブなど、体形に関係なく着られるデザインを着ている女性が多い。ニットの本を見ても、そういったタイプのパターンが多く掲載されている。あれは着ていても楽そうでいいなと思っていたのだが、インターネット調査での男性が嫌いな女性のファッションのなかで、その羽織物が、「あのモモンガみたいなやつ」といわれてランキングに入っていた。女性からすると着たときのドレープの感じもいいし、体形をうまく隠してくれるのでとても便利なのに、男性からするといまひとつらしい。モモンガそのものを羽織っているのなら問題だが（私自身はやってみたい）、形状がモモンガみたいでもかまわないじゃないかと思うのだけど、男性心理はよくわからない。またいちばん嫌われていたのがトレンカで、「お前は足軽《あしがる》か」とコメントがついていたのには笑ってしまった。いつの時代でも男性は保守的らしい。

某月某日　週に一度の漢方薬局に行く日。数年来服用している、胃を温める煎じ薬を先生に処方していただく。最高気温三十五度にもめげずに出かける。三十五度でも外は風が吹いているので、湿気が少なく日射しさえしのげれば、室内にいるよりも快適なのがわかった。電車と徒歩で二十分足らずで着いてしまうので、炎天下を延々と歩くというわけではないのだが、さすがに午後のいちばん高温になる時間帯を歩くと、薬局に着いたとたんに、放心状態になった。

先生からは、夏場は暑いようでもそれは表面だけのことで、多くの人は体の芯が冷えているので、冷たいものをなるべく飲食しないように、また私が水を溜め込みやすい体質であるため、水分を摂《と》りすぎないようにと注意されている。といわれてもやっぱり暑いので、汗をかきつつ温かい飲み物を飲み、時折、人工甘味料不使用の機能性飲料を飲んでしのいでいる。世の中でいわれているより、水分の摂取量は少ないはずなのだが、それでも軽く咳《せき》が出てきたり、鼻水が出たりする。体内の余分な水分を出そうとしている証拠なのである。夏場の水分補給は難しい。

その後、リンパマッサージを受ける。通いはじめたときは、激痛を伴い、悶絶《もんぜつ》していたリンパマッサージは、老廃物が流れて排出されたせいか、ここ三年ほどは痛くなくなっている。なので凝った部分をほぐす程度で済むようになったのが、ありがたい。マッサージをするのは上半身だけなので、なるべく体を締めつけないゆったりしたトップスを着る。着ていたのは、麻のチュニックで、襟と裾に同色の刺繍《ししゅう》がしてある。後ろ襟が立つようになっていて、首筋の日焼けも予防できるよう考えられている。一枚で着ても大丈夫らしいが、さすがにこれ一枚で電車に乗るのはまずいので、下に黒のタンクトップを着る。肌着のおかげか、チュニックのおかげか、私の根性のせいかはわからないが、真夏の猛暑の外出も、なんとか乗り越えられている。

某月某日　テレビで「スタイリストが教える！　おしゃれ着やせ術」というミニ番組を放送していたらしい。私は後日、他の番組を検索していてこれを知り、あわてて再々放送を録画し、書店にはすでに置いていなかった番組のテキスト本も注文した。そしてやっと時間が取れたので、録画した番組を遅まきながら見て、テキスト本にも目を通した。たとえばメイクをするときに、眉の描き方として、描きはじめは目頭の位置からそのまま上がったところとか、眉尻は小鼻と目尻を結んだ延長線上にとどめるとか、顔面上の黄金比に近づけるように雑誌などでは指南されているが、テキスト本でも体形の黄金比に近づけるような工夫が紹介されている。モデルに選ばれた女性に親近感を覚えるのがよい。黄金比の基準によると、股下は身長の二分の一がふさわしいため、背が低い場合はどうしても、ハイヒールが必要になるのが、毎度のことだが私にとっては受け入れがたい。ちなみに短足の私の場合は、黄金比の股下になるためには、ハイヒールではなく、ロンドンブーツでないと無理そうだった。つまり私の体形だと、どんなスタイリストでもヒールなしでは修整が難しいことが、よーくわかった。

運動機能も衰えている年齢になって、いくらスタイルよく見せたいからといって、無理してヒールを履いてよちよち歩き、そのあげくに捻挫でもしたら大事ではないか。私の場合は外見よりも、心身の安定を選びたい。女性のなかには靴が合わない痛みや、体の締めつけを我慢しても、実際はどれほど注目されているのかは知らないが、他人の視線が集まる快感のほうを選ぶという人もいる。しかし私はそういったタイプではない。今の一般的な草履なら前のほうは一センチから二センチの間、後ろはだいたい五センチくらいの高さがあるから、私は着物を着たときにいちばん背が高くなる。

某月某日　家の近くのスーパーマーケットに買い出しに行ったとき、店から出てきた女性の姿を見て、びっくりした。「スタイリストが教える！　おしゃれ着やせ術」に出ていたのと、まったく同じコーディネートをしていたからである。彼女はブラウスの裾をウエスト位置で結び、プリントのロングスカートを穿いていた。あまりブラウスの裾を結んでいる人は見かけないので、目についたのだ。家に帰ってテキストを開いて確認すると、やっぱりそうだった。その着方はどういう体形の人向きかというと「脚の短い人」だった。たしかに彼女はどこかが足なのか、まったくわからなかった。おすすめのコーディネートの彼女は素敵ではあったが、情報源がばれてしまうとちょっと恥ずかしい。そしてテキストに、「つま先とかかとが見えるレギンス（トレンカ）をはいて脚長

に」と書いてあるのを見つけて、

「うーむ」

となってしまったのだった。

六　おばちゃんからおばあちゃんへの道も長い

某月某日　すさまじい猛暑もやっと落ち着き、一息ついている今日この頃である。髪の毛を伸ばしてボブスタイルにしたものの、頭部にこもる熱気に耐えきれず、ショートカットに戻した。ヘアメイクの女性が、床に落ちた髪の毛を見て、

「男性用のかつらが、四、五人分できるくらい、切りましたね」

といった。その毛量を頭にくっつけて、夏を過ごしていたかと思うと恐ろしい。やはり長い髪は私の性分には合わない。

多少の残暑があっても、もろに麻とわかる素材のものを、そのまま着続けるわけにはいかなくなった。もう着ないと決めた夏物を洗って整理しようと、取り込んだ洗濯物を広げて確認していたら、夏場、毎日敵のように穿いていた黒と茶色のリネンのパンツが、ぼろぼろになっているのに気がついた。穴が開いたわけではないのだが、ウエストのゴムの部分が汗や摩擦で色が抜けて白っぽくなり、膝の部分も色が薄くなっている。このパンツは当初から、室内限定でワンマイルウエアにもしなかったのだけれど、いくら家

着とはいえ、おばちゃんが経年劣化したものを着ていると、よけいに自分の劣化に拍車がかかるような気がしたので、適当な大きさにカットして、掃除のときの使い捨て布にした。

猛暑は来年以降も続くだろうから、損失補塡をしようと、インターネットで探してみた。在庫一掃セールになっているのではないかと目論《もくろ》んだのである。すると家着として着られる、女性用のステテコがたくさんあった。値段もとても安い。コットン百パーセントのものを一枚買ってみた。見た感じはまあまあだったが、まず洗ってみると新品なのにすでに経年劣化したようになり、穿いてみると家着というよりも、パジャマにしか見えない。猛暑のときのトップスはゆとりのあるTシャツなので、それにこれを穿いたら、寝起きとしか思えない。若いお嬢さんだったらいいけれど、おばちゃんが着るにはいまひとつの品質だったので、風呂上がりにパジャマに着替える前に着る、汗取り用にしてしまった。しかしリネンパンツだけは補塡しておかなければと、再び探し、普段着を多く購入しているサイトを見てみたら、リネンのクロップドパンツがあったので、ベージュとブラウンを購入。後ろ部分だけがゴムになっていて、これだったらご近所にも買い物に行けそうだ。

某月某日　三週間後に書き下ろしの締め切りが迫っている。編集者と打ち合わせのため、午前中にデパート内の喫茶室に出向く。全体の五分の二は渡し済みなのだが、五分の三は連載を書きながら仕上げなくてはならないので、お尻に火がついている。そのときに着たのは、ボトムスは黒のクロップドパンツに毎度おなじみのローヒールパンプス。上は手織り木綿のチュニックである。胸にピンタックがとってあり、動くとふわっと空気を含むデザインになっている。薄手で長袖なので下にタンクトップを着れば真夏でも着られて意外に涼しい。また春先、秋口でも下に長袖を着て、気温が微妙なときに着ると暖かいのだ。前が全開するので、薄手の羽織物がわりにもなって重宝している。ボリュームが出すぎないのもいい。色合いが地味なので、アクセサリーは愛用のスティーブン デュエックのチェーンに、クリスタルのトップをつけた。ダイヤが入った時計をブレスレットがわりにして、少しでも沈んだ感じにならないようにしてみた。が、他人からどう見えたかはわからない。帰ってすぐ仕事をしなくてはならず、売り場はどこも見ずに家に帰った。

某月某日　ファッション誌を買わないので、知らない言葉がたくさんあって、

「これなに？」

と首を傾げることも多い。最近、知った言葉は、

「デギンス」

である。だいたいファッション関係の言葉で、冒頭から濁点が二個続く言葉ってあっただろうか。「ガードル」もまあ、濁点が続くけれど……とあれこれ考えていたら、「バギーパンツ」があったなと思い出した。筒が太いボリュームのあるパンツだった。私が若い頃に、下半身が太いのがカバーできて、日本人にぴったりといわれていたが、背が低くて下半身が太い、プレーリー・ドッグ体形の私が試着してみたら、下半身が目立たないどころか、

「ぶっとい下半身、ここにあり」

と主張してきて、まったく似合わなかったのだった。これも流行していたウエッジソールの上げ底靴を履けば、足も長く見えるはずなのだが、上げ底をしても普通の人がフラットシューズを履いたのと同じ程度だったので、スタイルがよく見えるわけがなかった。下半身が太くても、背が高ければ似合ったかもしれないけれど、今よりもずっとスタイルが悪かった日本人に、どうしてああいうパンツが流行したのかわからない。

インターネットですぐに検索するのも癪《しゃく》なので、必死に考えた結果、「デギンス」とはデニムとレギンスが合体したものではないかという結論に至った。昔は「スパッツ」といったけれど、それがぴったりとしたデニムを穿いているように見えるもの。そういえば若い女性が、足にぴったぴたに吸いつくようなデニムを穿いているのをよく見かけたが、

「あれかな?」

と思い当たった。「デギンス」で驚いていたら、他にも「デニンス」「パギンス」という言葉まであった。すべてレギンス系の何かなのだろう。もう何が何なのかわからない。わかったとしても、きっと私の衣生活には関係ないと思う。

某月某日 うちから歩いて五分ほどの公園に茶室があるので、駅や公園周辺で着物姿の女性をよく見かける。私は茶道を習っていないので、お稽古のシステムがよくわからないのだが、紬に名古屋帯で茶室への通路を歩いていかれる方も多い。またあるときはきちんと訪問着をお召しになって礼装の方もいたりする。お茶事にも格があるようだ。ずいぶん前、お茶を習っている人から、彼女が習っている先生の場合は、会社帰りに通う人も多いので、洋服でも大丈夫なのだが、ストッキングのままではだめで、必ず白い靴下を持参する。洋服では袱紗《ふくさ》をはさむ場所がないため、お茶のお稽古用の、前に打ち合わせがあるベストを着、巻きスカートを身につける。その姿が客観的に見ても不格好で、着物で同席している人たちに比べて見劣りし、落差が激しすぎるといっていた。

先生のお宅でのお稽古ならともかく、茶室を借りてのお茶事であれば、着物で参加ということになるのだろうが、みなさん汗を拭き拭き歩いている。大変だなあとため息が出た。季節に合った透けない単衣の着物をお召しになっていたけれど、それでも暑いのは想像できる。実は透けた着物でも暑いのだ。自分が好きで着る分には、多少、時季をずらしてもかまわないだろうが、礼装や決まり事があるものは、この気候の変化が激しい現代では、相当きつくなっているのではないだろうか。先生の考えにもよるのだろうけれど、昔から連綿と続いている、着るものが四季に敏感にならざるをえないお稽古事は、さぞかし大変だろう。

某月某日　衝動的にワンピースを買ってしまった。艶《つや》のある紺色の薄手デニムで同じ素材の単衣のコートとセットになっている。アクセサリー次第で、どうにでもなりそうなところが気に入った。またネックレスをしているようにみえるスカーフを買ったので、これを使うとちょっとエレガントな感じになるかもしれない。

私はワンピースは大好きなのだが似合わない。たとえばトップスがシャツカラーで同じデザインの場合、紺色のワンピースよりも、上下の色を揃えたシャツとスカートのほうが背が高くみえる気がする。私の目の錯覚か、ワンピースの場合はもうひと工夫したほうがいいのか、根本的なデザインの問題なのか。自分としてはどうもいまひとつなのである。

歳を取ったら着物がいちばんと考えてはいるが、好きとはいえ着物を着るのがしんどくなることがあるかもしれない。着物がだめという状態になったら、ぜひワンピースを着て日常を過ごしてみたい。その理想が、映画「八月の鯨」の老女たちの姿である。アメリカの小さな島の別荘で夏を過ごす二人の姉妹の日常を淡々と描いた作品で、姉妹が身につけているワンピースにカーディガンという普段着がとてもかわいらしい。このスタイルはカジュアルながら、エレガントで品があるのがいい。私が着る場合は、ワンピースは無地もいいけれど、無地だったら柄のカーディガンを着たいし、できれば今まで着たことがなかったプリントのもの、プッチ柄やリバティプリントもいい。それに無地のシンプルなカーディガンを組み合わせて着てみたい。

季節に応じた素材のワンピースが七枚あれば、一週間はそれで暮らせる。カーディガンも薄手や厚手を揃えておけば、気温にも対応できる。ワンピースのデザインは、十和田《とわだ》市現代美術館に収蔵されている、ロン・ミュエク作、体長四メートル近くの「スタンディング・ウーマン」が着ているような、テーラードカラーで前開きのシンプルなデザインがいい。無地のレースだったら、ちょっとしたお出かけに着られるし、派手なプリントでも、上に地味な無地のカーディガンを羽織れば、着やすくなる。

スタンディング・ウーマンが着ているのは黒っぽい色のワンピースで、足元がソックスとフラットシューズなのもかわいらしい。足元は愛用の「ビルケンシュトック」の靴にする。あとはワンピースのパターンを探して同じ形で柄違い、素材違いのものを縫ってもらい、自分でカーディガンを編み溜めておけばＯＫ。ちょっと楽しみになってきた。

今、服を着るときには、バランスがとても大事になっていて、それに毎度、頭を悩ませるのだけれど、誰が見てもおばあちゃんといわれる年齢になったら、バランスもへったくれもなく、

「おばあちゃんが着ている」

のみで勝負である。バランスや流行など、若いときに気にしていた事柄などではなく、年齢、経験、その人本来の魅力で着るということになる。本来は服とはそういうものであるべきなのに、世の中の流れに惑わされてしまうのだ。

私の担当編集者の若い女性が「L'idéal」というサイトを教えてくれたので、早速、アクセスしてみた。そこにアップされているのは、街を歩いている六十代から八十代の女性たちのファッション写真である。どの方もそれぞれの個性があって、もちろん私の好みではないファッションもあるけれど、自信を持って着ているのでとても素敵なのだ。ファッションチェックの余地などないくらい、彼女たちに似合っている。歳を重ねたらこれでいいのだ。またそのサイトを見た若い人たちが、男女関係なく、

「おばあちゃん、かっこいい」

とコメントを書きこんでくれているのもうれしい。

小汚いばばあが歩いているといわれるか、もしくはかわいい、かっこいいおばあちゃんが歩いているといわれるか。歩いているおばあちゃんは、そんなことも気にせず、自

分の好きなように服を着ているのだけれど、それまでの経験、人となりがおのずと外見に出てしまう。おばちゃんからおばあちゃんへの道も長い。自分なりに少しでも素敵なおばあちゃんになれるよう、アンチエイジングではないところで、私も感じがいいおばあちゃんになれるよう、努力していきたいと思ったのであった。

七　やればできるが、疲れは残る

某月某日　何か月も前から依頼を受けていたのに、私の自堕落と夏場の猛暑で連載以外の仕事はやる気にならなかったため、ひと月で二百四十枚の書き下ろし原稿を書くはめになってしまった。五月の末に一冊書き上げ、

「それから取りかかりますから」

などといっていたのに、やらなきゃなあ、やらなきゃなあと思いつつ、絶対的な約束である連載を仕上げるだけで精一杯。そしてふと気がつくと、書き下ろしのデッドラインまで三十日しかない。さすがの私もこれはまずいとお尻に火がつき、これまでやったことがないくらい、毎日、書き下ろし、連載と必死に書きまくり、なんとか連載も落とさず、ひと月で一冊分を書き上げた。

「やればできるじゃないか」

と自分で自分を褒めたものの、これは二度とやってはいけないと心に決めた。

その後の疲労感たるや、相当なものだった。頭のなかはすでにすかすかで、からっぽ

のはずなのに、ぎっちり何かが詰まっているようで、ずっとぼーっとしている。最後の原稿を送信した直後、食材の買い出しに出かけたら、足で道を踏みしめて歩いているのか歩いていないのかわからないくらい、ぼーっとしている。とりあえず行きたいところへ、まっすぐ歩いていけるので問題はないのだが、体中の血液が全部頭部に集まっちゃった感じ。ご飯はちゃんと食べていたが、部屋の中はぐっちゃぐちゃのままで、少しずつ片付けなくてはいけない。出るのはため息ばかりである。

書いている間は食材の買い出しと漢方薬局に行く以外は、ひたすらパソコンの前に張り付いていた。なので着ている家着は、下はリネンパンツから秋仕様のチノパンツやおばちゃんジーンズに替わったものの、上はしまう準備をしていたTシャツを引っ張り出して、四枚のTシャツを着たら洗うの繰り返し。肌寒ければ上に、インナーをなかに着ているように見えるけれど、インナーの部分は前身頃だけについているリネンのニットカーディガンを羽織るというワンパターンだった。

初夏、猛暑を乗り越え、秋といわれる季節になっても酷使されているTシャツをあらためて見ると、とても来年もまた着られるとは思えないぐったりぶりで、今季限りで掃除のときの使い捨て布にすると決めた。

「昔はTシャツも裏返しに干せば、二年は着られたのになあ」

素材の違いもあるかもしれないが、オゾン層の破壊などによる紫外線の強さが影響しているのではないかと思う。夏場は洗濯物を干しっぱなしにせず、乾いたらすぐに取り込んだほうがよさそうだ。来年からはそうしよう。

某月某日　書き下ろしを仕上げたので、堂々と胸を張って会える編集者と、原稿の掲載順や、タイトルの打ち合わせ。前回に登場した手織り木綿のチュニックに、黒のクロップドパンツと、以前と同じコーディネート。家の近所用はウォーキングシューズばかりなので、最近はローヒールでも三十分歩くと、ちょっと体力的にきつくなってきた。年々、自分が気に入って身につけていたものが、色であれ形であれ、急になじまなくなるのを感じることが多くなったので、もしかしたら足に合わなくなったのだろうか。買い替えたばかりなのにと不安になる。

某月某日　久しぶりに打ち合わせを兼ねたランチ。六本木に行くのも久しぶりだ。私は今から三十五、六年前、六本木の編集プロダクションで仕事をしていた。クライアントに出向いたり、取材もあったので、スカート以外、穿いた記憶がない。すべての値段が高くて、気軽に昼食も外で食べられないのでお弁当を持っていくしかなく、夜食は近所の吉野家で調達していた。月に一度、社長が近所のレストランでご馳走《ちそう》してくれる日がとても楽しみだった。再開発が進んだなかで、改装したとはいえ、喫茶店のアマンドがまだあるのが懐かしい。

十月なのに気温が二十九度。いったい何を着ていいやらである。あまり夏っぽい格好はなんだし、着込むのも変だし、カジュアルなランチなので、下は夏喪服のセミフレアスカート、上は丸首の普通の白いTシャツに、前身頃がレースになっていて透けている、「MIHOKO　SAITO」の黒のコットンのカーディガン。縁のディテールがかわいらしいのと、袖がラグランスリーブになっているので、甘すぎない感じが気に入っている。インナーを黒にすると透け感が薄れるので、白にして涼しげな感じにしようとしたけれど、実際、どう見えたかはわからない。

靴はいつものローヒール。襟元が寂しかったので、先日購入した、スティーブン　デュエックのパールのネックレスをつけた。パールの間にシルバーの小さなパーツが入っていて、これもあらたまりすぎないところが気に入った。手持ちのデュエックのペンダントトップも付けられる。

ランチは中国雲南料理の薬膳コースで、猛暑、残暑に翻弄《ほんろう》されている身としてはとてもありがたかった。特に烏骨鶏《うこっけい》のスープは体にしみ渡った。その後、もう一件用事があって、某所に立ち寄ったのだがちょっと疲れた。一瞬、ふだん穿き慣れないスカートのせいか、それとも靴のせいかと考えたが、きっと集中書き下ろしでの体力の回復が遅いのと、筋力が衰えてきたせいだろうということにした。

某月某日　三日後、前にも登場した麻の格子柄チュニックにクロップドパンツ、ローヒールを履いて外出したが、特別、疲労感はなし。先日、外出して疲れたのは、書き下ろし疲れが残っていたためだとわかった。本当に人間、慣れないことはするものではない。

某月某日　漢方薬局の日。私の姿を見るなり、先生が、

「とっても爽やかでいいですね」

といって下さる。いつも紺とか黒地とか、濃いめの色ばかりなので、生成り色はあったけれど、白一色のトップスを着ていったのははじめてだったかもしれない。その日着ていたのは、白い半袖Tシャツと七分袖のカーディガンのセット。本体はポロシャツによく使われる、鹿の子《かのこ》編みの生地で、その上に白いTシャツ素材で、アップリケがしてある。大きなアップリケなので派手かしらと思ったのだが同色だし、形もシンプルなので、ちょっとしたお出かけ用にいいかと、今年の春先に購入したものだ。半袖のインナーだけではちょっと寒く、セットで着たらやや暑かったものの、我慢してセットで着る。下はおばちゃんジーンズで、バッグは友だちが誕生日にプレゼントしてくれた、「MARNI」のゴム引きのもの。

「バッグの柄が個性的なので、服とのバランスがとてもいい」

とお褒めいただいた。

先日、六本木での食事のときに着た白いTシャツはおろしたばかりのもので、一度洗ったら次のお出かけのときにはちょっと着られない。若い人は、ほどよいよれ具合がこなれた感じで素敵だし、私も平気で着ていた頃もあったけれど、今は木綿の白はおろしたての白じゃないと難しくなった。水をくぐらせるとどうも普段着臭が漂ってくる。そうじゃない人もいるだろうから、私だけの問題かもしれない。今回の白いセットも、一度洗濯したらどうなるのか、ちょっとどきどきしている。

某月某日　今年の春に注文した、伊兵衛織《いへえおり》の着物、帯、コートが出来上がってきた。注文を受けてから糸を染めて織るので、年に二回の展示会が開かれると、前回の展示会でお願いしたものが届くのだ。二十代の頃、文化出版局の「季刊『銀花』」という雑誌が大好きで、毎号楽しみに購入していた。そこで伊兵衛織をはじめて知り、入社と退社を繰り返していた私には、とうてい買えるようなものではないとわかったけれど、

「絶対に欲しい」

と願い、いつか一枚でも手に入れられればと願っていた。そして三十五歳のとき、はじめて一枚目の伊兵衛織を購入できたときの感動は忘れられない。高校生のときに、「an・an」で見て、目を奪われたカルティエのスリーゴールドリングも、三十歳の

ときに購入した。これまでの人生でどうしても欲しいと願ったものはこの二つだが、どちらも手に入れられた私は幸せ者だ。

「女性は宝石類は自分で買うものではない」

といった女性もいたが、私はプレゼントしてくれる男性がいないので、自分が働いて買うしかなかった。それが悲しいとかみじめだとはまったく思わない。私は自分で買うほうがうれしいし励みにもなる。男性云々《うんぬん》という人は、そうされることで他の女性に対して優越感に浸るのだろう。

伊兵衛織は国産の手紡《てつむ》ぎによる絹糸、玉糸を使って織るため、二、三年前の展示会から、工房の方に、糸の在庫がなくなりはじめて……というお話はうかがっていた。そしてとうとう、今年で展示会は最後になってしまった。十五代も続いてきたのに、残念でならない。

ひとことで複雑な布の組織を表現するのは難しいのだけれど、着物は白緑色の無地、コートは濃い茜色《あかねいろ》、帯は緑色に生成りと赤の間道《かんとう》である。私は訪問着、小紋などの柔らかものよりも紬のほうが好きなので、礼装用の着物はともかく、結城《ゆうき》、大島、伊兵衛織があれば、それで十分と考えていた。特に伊兵衛織は、最近の薄手の単衣が重宝する気候には向かないけれど、裏をつけると先に裏がすり切れるといわれるほど丈夫で、真冬でも裏をつけずに単衣で着るものなので、扱いがとても楽なのがありがたい。工房の

方からも、

「丈夫なので雨の日でも着て、汚れたら生き洗い（着物をとかずにそのままの形で洗うこと）をしてくださいね。部分的に手入れをしたりすると、表面がそこだけ毛玉みたいになってしまうことがあるので」

といわれていた。事実、部分的に手入れをして、おっしゃる通りになってしまったので、それ以後は丸ごと全体を洗ってもらっている。

そうするとどんどん布の艶がよくなり、しなやかになり、また別の風合いになる。工房の方々がお召しになっている着物やコートは、しなやかな美しい布になっている。年を経て美しくなるものは素晴らしいとしかいいようがない。若い頃から着物を買いはじめ、また最近は着物を着なくなった母のものもどっと送られてきたので、手持ちの枚数が倍以上になってしまった。周囲の着物好きの方にもらっていただいたが、身に余る枚数がある。伊兵衛工房が生産ができなくなるのをきっかけに、これからの着物の購入は打ち止めにしよう。日本人が地道に手を使い、作り上げてきたものが失われていくのは悲しい。それと同じ感覚を、私は今の巷《ちまた》に出回っている洋服には持てないのも残念なのである。

八　外出するとなると、クローゼットをひっかきまわしている

某月某日　制服のような紺系の色合いについ心ひかれ、紺のセーターに紺のスカートという組み合わせも大好きだ。しかしいわゆるスーツとして整った形になっているものは似合わない。スーツは外国人体形を活《い》かす最たるものだと思っているので、背が低く純日本的体形の私には、とても着こなしにくいアイテムなのだ。若い頃は、ジャケットに同色のスカートといった組み合わせではよく着ていたけれど、ジャケットそのもののバランス、ジャケットとスカートとのバランス、着る本人である私の体形とのバランスなど、バランスをとらなくてはならないところがたくさんありすぎて、このところ近寄らないようにしていた。

ジャケットそのものは嫌いではないが、デザインが気に入っても、着づらかったり丈が長すぎたりと、選ぶのも大変だ。しかしランチなど仕事関係の日中の外出のときにはとても便利なので、あるといいなとは思っていたのだが、年齢を重ねた今、どういったものを選んでいいかわからなかった。

何かあるかしらと、以前、インターネットで購入したことのあるブランドのサイトを見てみたら、厚手の綿のジャケットを見つけ、これだったらかっちりしたタイプではないので、それほどバランスを考えなくても大丈夫そうだと購入。トレーナーの生地をもっとしっかりさせたような生地で裏毛になっていて裏はボーダーだ。他にも黒のタートルネックのセーターと、黒、紫、生成りの長袖のTシャツをインナーとして購入。これらは薄手のボーダーの布地の上に同素材の無地の布地が重ねられていて、柄が透けてほんのりボーダー風味が漂うのである。ジャケットの袖を腕が短い私がまくるとそこにボーダーが出る。伸縮性があり、秋口に着るのにちょうどいい厚さだ。インナーで変化がつけられるので、なかなか具合がよさそうだ。

某月某日　先日購入した厚手の綿のジャケットと、黒のほんのりボーダーの長袖のTシャツ。同じデザインでサイズ違いを買い直したウールの黒いタイトスカートの組み合わせで、学生のゼミ誌の取材を受けるために、母校の大学に出向く。学生たちは私が通っていたときと同じように、課題でゼミ誌を作るのだが、最近はへたな出版社のPR誌よりもお金がかかっているのではないかと驚くほど、表紙がカラーだったり、紙質がよかったりする。もちろん印刷はすべて印刷所まかせだ。

私が学生の頃は、ゼミ誌を作るのをみんなで分担し、原稿の催促担当、清書担当、ガ

リ版担当、印刷担当などがいた。私は印刷担当だったが、ガリ版担当が、

「やってもやっても終わらない」

と嘆くので、鉄筆を握ってヤスリ板の上に原紙をのせて、ゴリゴリとガリ版を切るのを手伝った。今から四十年前の話だ。切り終わった原紙を手動式の印刷機に張り、その上からインクをつけたローラーでこすってわら半紙に印刷する孔版《こうはん》印刷である。しかしうちの大学には、自動の印刷機があり、そこに原紙をセットすると、ぐるぐるとローラーが回転して一気に印刷ができた。それを見た私たちは、

「さすが設備がすごいねえ」

と得意になっていた。そして表紙は絵が得意な子が原紙に描き、それを厚手の色紙に印刷して、大型のホチキスで留めていた。現代では小学生の文集でさえ、それより体裁が整っているのではないか。今から思えば、その程度で満足していたのか、と呆れるほどの、原始的で面倒くさい作業だった。

そんな話をすると、純朴でかわいらしい学生さんたちは、

「へええ」

と目を丸くしていた。

座敷でずっと座っていて、タイトスカートに変な皺《しわ》が入るのではと心配になったが、座り方がきちんとしていなかったにもかかわらず、変な皺はつかなかった。やはり素材

は大事である。

某月某日　久しぶりに集英社の担当の方々と打ち合わせ。みなさんお元気そうで何よりだった。厚手の綿のジャケットが大活躍である。ジャケットの下には、ほんのりボーダーのタートルネックセーターのほうを着た。ボトムスは厚手の綿のキュロットスカート。ウエストがゴムなので、ほどほどのゆとりのあるAラインのスカートに見えるデザインだ。数年前に購入したもので、やっと出番がめぐってきた。綿だけど意外に暖かく、タイツを穿けば下半身の保温は問題なかった。

某月某日　黒のクロップドパンツに合わせるため、お尻が隠れる丈の、ニットのチュニックを探していたところ、送られてきた通販カタログで半袖でゆるいタートルネックのものを見つけて購入。写真ではインナーに白いシャツを着ていて、そのきりっとしているのに女性らしいスタイルに、

「これで今まで着る機会がなかった、タンスのこやし状態だった白いシャツにも出番が来るかも」

と期待した。しかし品物が届いて、鏡の前で上半身のみ、カタログと同じコーディネートをしてみたところ、これが似合わない。白いシャツも、チュニックも単体ではそれ

なりに似合うのに、合体させると、

「ありゃー」

という感じになる。試しにインナーに二重のボーダー風味の長袖のTシャツを着てみたところ、これだと違和感がなかった。少しでもゆとりのあるインナーより、ぴったりとしたもののほうが、私にはいいようだ。

某月某日　打ち合わせのため、ゆるいタートルネックのニットチュニックと、黒のボーダー風味の長袖のTシャツ、ボトムスは黒のクロップドパンツで出かけた。羽織物はロングカーディガンである。ところが着替えているとき、問題が起きた。ストレッチがほどほどにきいて穿きやすく、気に入っていた黒のクロップドパンツの膝裏に皺がよって取れなくなってしまったのだ。着用後にその部分にアイロンをかけていたのにである。縦半分にたたみ、裾を左手、ウエストの部分を右手で持ちながら、試しに、

「うーん」

と引っ張って皺を伸ばそうとしたが取れない。少しでも足を長く見せようと、ヒールは三センチだが、黒のショートブーツを履けば、少しはすっきり見えるのではないかという目論見があぶなくなってきた。鏡の前に紙を敷き、ブーツを履いてみたところ、パンツの裾がブーツの上部を二センチしか隠していない。私の記憶では、いちばん初めに

この組み合わせで外出したとき、パンツの裾がくるぶしのちょっと上くらいだったのに、相当短くなってしまっていた。

たしかにこのパンツは細めだったのは認める。以前、同じような素材のパンツを購入したとき、だんだん全体がゆるくなってもたついた感じになったので、尻や太ももをむき出しにするようなコーディネートはしないし、世間に見せるのはチュニックの裾から下の部分だけなので、余分なゆるみは必要ないと考えたのだ。

二度、クリーニングに出し、それで元に戻るかと思っていたものの、ぴしっとはならず、パンツは下半身の肉の圧力に負けて伸縮性が失われ、目一杯横に伸ばされて縦方向に戻らなくなってしまったらしい。立っているだけでも短めなのに、歩いたら足がのぞいてしまうのではと、歩くときのように、前後に足を開いてみたら、微妙にブーツの履き口から足がのぞく。しかし下に黒いタイツを穿いていたので、

「わ、足が見えた」

という風にはならない。不本意ではあったが、そのままショートブーツを履き、知らんぷりして出かけた。打ち合わせの喫茶店がデパートの中だったので、鏡の前を通るたびにチェックしてみたら、ロングカーディガンのおかげで、パンツのシルエットが目立つわけではないが、膝裏の部分に深い皺があるせいで、膝の部分が出てしまい、とても不格好だった。

「こりゃ、だめだ」

これ以上、穿けないとあきらめて家に帰ってすぐ処分した。色違いまで購入し、このパンツを軸にしてトップスを買いそろえようと考えていたのに、それも水の泡である。シルエットが気に入っていたのに、それが維持されたのは、ほんの短期間。こんなに早くお別れがやってくるとは想像もしていなかった。一緒にニットのチュニックと合わせようと、三年寝かせていた白いシャツも処分した。

某月某日　洋服の枚数は事あるごとに減らしているけれど、いまだに外出するとなると、クローゼットや肌着の入った引き出しの中を、ひっかきまわしている。特に冬場は肌着が問題だ。襟が詰まったものを着るときは問題ないが、ちょっと襟の開いたものを着るとき、この肌着では襟ぐりから見えてしまうとか、この襟ぐりならいいけれど、今日は肌寒いので、もうちょっと暖かい肌着のほうがいいなど、選ばなくてはならない条件が多々ある。私は露出の多い服は着ないけれど、それでも出かける前に、ああでもない、こうでもないと迷ってばかりだ。

そうなったのは、寒くなっても襟のないものを着ることが多くなったからである。私は布が好きなので、ついスカーフを買ってしまうのだが、真冬の一時期しか使わない。なぜかと考えた結果、秋、冬はハイネックのトップスばかりを着ていたからだった。よほど寒い日はウールのマフラーを使ってしまうし、アクセサリーとして使っても、首まわりがもこもこするのがいまひとつだった。
そこで着用が限界になったハイネックのトップスを処分し、襟なしのトップスばかりを補充するようにしたら、単純に首まわりが寒いので、スカーフの出番が多くなった。しかしトップスのすべてが首に沿ったデザインばかりではないので、ちょっと開きが広いと、肌着の問題が出てくる。肌着が入った引き出しからすべてを出し、結局、シルク素材で襟が開いているもの以外は、防寒用の機能性肌着も処分してしまった。どうも捨てモードに入っているようである。

某月某日　友だちの小唄《こうた》の会が日本橋《にほんばし》の三越劇場で開かれるので、大雨のなかを着物を着て出かける。洗える着物を愛用している人は、雨の日のお出かけでも問題ないようだが、どうも私は洗える着物と相性が悪く、買ったことはあるものの処分した。自宅で洗える木綿の着物は、明らかに普段着なので、母親のところからやって来た伊兵衛織の着物と帯に、自分の雨コートを着ていく。大雨にもかかわらず、出演者はもちろん、観覧の方々も着物姿が多くてうれしかった。
雨の日の和装は履物も問題だ。雨用には日和下駄《ひよりげた》という、歯が細く爪革《つまかわ》をつける下駄が定番だが、場所によっては出先で草履に履き替える必要がある。草履に装着できる、透明ビニールの草履カバーや、つま先部分にドーム形の透明カバーがすでについている雨草履もあるにはあるのだが、どちらも好きではない。悩んでいたところ、完全防水の足袋《たび》カバーが売り出された。鼻緒のすげ替えはできないけれど、台はＥＶＡ（エチレン酢酸ビニルコポリマー）という素材のため軽く、底が合成ゴムの「菱屋《ひしや》カレンブロッソ」の草履が雨でも大丈夫そうなので、この組み合わせで出かけたところ、結構な雨降りだったが、何の問題もなかった。世の中が進歩して着物好きの私もその恩恵にあずかり、ありがたいことである。雨の日もまた着物で出かけたくなった。

九　デパートの洋服売り場に足を踏み入れる

某月某日　いつもはデパートに行っても、ほとんどの用事が、喫茶室での打ち合わせか、着物の仕立て直しばかりなので、地下からエレベーターで一直線に用事のある階に行き、また一直線に帰ってくるのを繰り返していた。売り場を歩き回るのが好きな人もいるけれど、あまりに品物が多く、私は見ているだけでくらくらしてくる。なので決まった用事だけ済ますと、とっとと帰っていた。

そんな行動パターンだった私が、久しぶりに洋服売り場に足を踏み入れた。売り場に行くというよりも、前人未踏の地に踏み込むといった感覚だ。試着するのも、この歳になると結構疲れるので、通販で気に入ったものがあれば、それで済ませてきた。しかしいつまでもそれではまずいと、ちょっと心を入れ替えたのだ。

第一回目に登場した、通販のセールで購入した薄手のコートの色が似合わなくなってきた。濃いベージュという微妙な色で、買った当初は、やや地味目だけど、襟元に明るい色のスカーフかマフラーを巻けばいいと考えていたのだが、それでも雰囲気が暗くなる。なので雨の日でも着られるコート探しである。この日着ていったコートはグレーのウール地でもこもことしてボリュームがあるため、インナーはカシュクールタイプの薄手のニットに、下はウールの黒のタイトスカートにした。

　フロアには数えきれないほどのブランドが並び、まあ、あるわあるわ、ものすごい数の服が。これだけの数があっても、売れているのだから驚く。物量に圧倒されてちょっと腰くだけになりつつ、端から順番に見ていくと、幸い、時季的にウールもののコートが多く、今回探している木綿素材は数が少なめでほっとした。ダブル前でベルトのあるトレンチコートは似合わないので、シンプルなステンカラーのコート、それもしっかりしたトラディショナルというより、洒落た感じの軽い風合いのものを探していたら、背後から声が聞こえた。

「おれも歳を取ったからなあ、これからはちょっといいものを着ようかと思うんだよ」

　振り返ると、七十代くらいのご夫婦が並んで歩いていた。そのフロアにはメンズはないが、彼はディスプレイされていた濃紺のカシミヤのコートを眺めていた。するとそれを聞いた奥さんは、

「ええっ、何いってんの。これから何十年も生きるわけじゃないのにもったいない。そんなの無駄よ、無駄」

　といい放ち、二人の会話はそこで途切れた。私は耳を後ろ側に向けながら、

（これからいったい、どのような展開になるのだろうか）

と興味津々で様子をうかがっていたが、しばらくの沈黙の後、唐突に孫のお年玉の話になり、服の話題はどこかにいってしまった。年季の入った夫婦の会話はそんなものかもしれない。二人の間に意見の相違があっても、そこに突っ込まずに、会話をなかったことにする。それが長く添い遂げる知恵でもあるのだろう。

私は彼らのいっていることが、それぞれ理解できた。私としては、

「死んだら何もあの世に持っていけないんだし、分不相応なものは別だけれど、ふだんの生活で今までよりも、ちょっとグレードアップする楽しみはあってもいいんじゃないの」

と思う。その後、彼がいいものを着られるようになったかどうかは、気になるところであった。私の買い物のほうは、幸い、気に入ったコートが見つかり、手元の暗い色の薄手のコートは処分した。

某月某日　やたらと髪の毛をカットしたくてしょうがない。いつもカットをしてくれるヘアメイクの方が来るときには、雑誌などでヘアスタイルのサンプルを三点ほど選んでおいて、プロの彼女の意見を聞いて決めている。今回はふだんとはちょっと違うカットにしたいと思い、なかでも私にしてはいちばんお洒落度が高いカットの写真を見せたら、

彼女が、

「いいんじゃないですか。雰囲気も変わるし。でもスタイリング剤を使わないと、ちょっと維持できないかもしれませんが」

という。その言葉に背中を押されカットしてもらった。サイドの髪を前側にスタイリングしてあり、渡辺満里奈《わたなべまりな》が一時、そのようなヘアスタイルをしていたと思う。カットしてもらった直後は、自分でも、

「あら、いけるわ」

と思ったのであるが、ヘアスタイルが維持できたのはたったの一週間。それから日に日に自分の髪の癖のほうが強くなり、分け目を左側に寄せ、サイドの髪を前側に流さなければいけないのに、私の毛の流れが後ろ向きになっているものだから、思うようにならない。このためにスタイリング剤を購入したのに、もともとヘアアレンジにも興味がなく、使い方も下手なので、スタイリング剤をあちらこちらにつけて、いじくっているうちに、トップのボリュームもなくなって全体的にぺったりしてしまい、「リーガルハイ」の堺雅人《さかいまさと》そっくりのヘアスタイルになってしまった。

「何だ、こりゃ」

むっとしてシャンプーをし直し、お洒落なヘアスタイルには見切りをつけ、スタイリングせずに、自分の髪の癖そのままにしていたら、やっぱり妙なのである。三週間後に

自分の髪の癖に逆らわないように、短くカットしてもらった。何事も無理はしないほうがいいらしい。

某月某日　デパートの洋服売り場に行く前に注文していた、メルトンのスカートが届いた。メルトンという言葉も懐かしい。昔はこの柔らかいウール素材が、制服などのコートの定番だった。一つ購入したら二つ処分すると決めているが、前回、修整不可能になった、黒いクロップドパンツ、同じサイズの色違いも処分したので、今回は処分するものはなし。

このスカートは大好きなジャケットに合わせるために買った。そのジャケットはずいぶん前、デパートの売り場で見てとても気に入ったものの、価格が予算オーバーだったのでやめたのが、運よくずっと売れ残っていてくれて、セールで安く買えたのだった。表地は薄手のウールで裏は柄のコットンになっている。どことなく古着っぽいところが好きなのだ。

おばちゃんが古着を着ると、「古い」の二段重ねになって、よほど気をつけないとちょっと難しい。でも、このジャケットは古着風なので逆に流行とは関係なく着られて都合がいい。インナーにタートルネックのセーターを着て、足元はタイツにビルケンシュトックの靴というのが、定番である。これまではセミフレアのカシミヤのスカートを穿いていて、着用の限界がきて断腸の思いでさよならしてからは、適当なスカートが見つからず、ジャケットはずっとお休み中だった。これからはまた着ることができるので、とてもうれしい。

某月某日　寒くなってくると、下半身を温めるのが必須である。冬になると愛用しているのは、一見、ふつうのチノパンツだが、裏地が綿のフランネルになっているものだ。ものすごく寒いときは、この下にウール混のレギンスを穿く。私の足の長さが平均的ではないため、以前は自分で丈を直そうとしたが、ミシンを持っていないうえに、私の裁縫能力では裏付きをうまく直すことができず、服のお直しをしている店に持って行き、直してもらった。それ以降は、購入したらすぐにその店に持って行く。私と裏付きのパンツは覚えられたようで、外国人のお姉さんに、

「アア、コノパンツデスネ。ワカリマシタ」

とにっこり笑われる。いちばん最初に持ち込んだ、素人の格闘の痕《あと》が生々しく残っているパンツの印象が、強烈だったのかもしれない。お直し代はかかるけれども、私の短い股下にもちゃんと合って、穿き心地がいい。以前は裏のフランネルの柄が選べたのに、ブルーのチェック一種類しかなくなってしまったのが残念である。

某月某日　少し年上のお友だち二人と着物を着てランチ。今回は忘年会も兼ねて、ちょっと豪勢なフレンチレストランである。それなりの場所なので、紬好きの私には珍しく、秋冬限定柄の縮緬《ちりめん》の小紋を着ていった。この小紋は今から何十年も前に購入したもので、手描きの臈纈《ろうけつ》染《ぞ》めの柄行きが気に入ったのだった。購入したときは、臙脂色《えんじいろ》の組紐《くみひも》の袋帯を合わせたのだが、今、それを合わせると昭和すぎる。その帯は着物好きの方にもらっていただき、地紋《じもん》が織り出されているだけなので、困ったときに頼れそうと購入した、生成り地の洒落袋帯を合わせた。

小紋に慣れていないので、着付けにひと苦労。すぐにずるっとずれてくるし、最初に腰紐を結んだら丈が短く、二度目は長すぎ。三回目にやっと何とか丈が決まり、衿元もぴっちりとはいかなかったが、

「まあ、いいか」

で済ませる。帯も袋帯なので、四メートル六十センチの長さがあり、ああでもない、こうでもないと難儀した結果、後ろで結ぶのはやめて、いつものように前で結んでぐるりと後ろに回す方式にする。紬だとそれほど崩れないが、柔らかものだとすぐにぐずっとなってしまう。鏡を見ながらあちらこちらを修整し、飛び出たところは押しこみ、足りないところは引き出すを繰り返して、さっきと同じように、

「まあ、いいか」

で外出する。あっちがだめ、こっちがだめと悪いところばかりが目につくと、いつまでたっても外に出られない。着丈がちょうどよく、帯もいちおう形が整い、衿元もぐずぐずになっていなければ、ＯＫとしている。帯から下が締まった感じになっていれば、上半身はゆったりしたラフな感じでも大丈夫。そういった着方のほうが私の好みなのだが、そのいい頃合いがまだ見つからない。数をこなさないとだめなのだろう。

着物用のカシミヤのコートに、超極薄のパシュミナのストールをたたんで首に巻き、端はコートの中にいれて防寒。着物コートも若い頃に作ったので、必要なかったなあと後悔したこともあったが、この年齢になると、軽くて暖かいコートは便利だった。コートの上にショールをするのも素敵なのだけれど、片手で押さえなければならず、そうなると両手がふさがって、移動中にＩＣカード乗車券や財布を出すときに面倒なのである。ショールを片手で押さえる仕草が女性らしい風情《ふぜい》を醸し出すのだろうが、私はそちらよりも実用性を重視したいので、バッグを持たないほうの手はいつも自由な状態にしておいた。

友だちの装いは、お一人は飛び柄の雪輪《ゆきわ》を織りだした黒大島に、ベージュと生成りのふくれ織の名古屋帯。鳥の子色の帯締めもとても凝った組みになっていて、前帯に出る部分にのみ、明るい緑、赤の一センチ角ほどの柄が入っている。もうお一方は、私の母のしつけがついたままだった小紋を差し上げたのを着てくださった。臙脂の地に深緑色で小さな松や鳥の柄が描かれた臈纈小紋で、茶色や臙脂でかわいらしい花や模様を織りだした名古屋帯に、秋らしい柿色の帯締め。あまりによく似合っていたので、黒大島の彼女が、

「誂《あつら》えたのかと思った」

といったほどだった。それぞれ個性に合った着物を着ているのを見るのがとても楽しい。

「あと何年、自力で着物を着られるかわからないから、今のうちにじゃんじゃん着よう」

というのが還暦前後の私たちの合い言葉になっているのである。

㊉ ネコに着物を敵視される

某月某日　お正月なので、家で着物を着る。着物を取り出したとたん、うちのネコがはっとして、じーっと私を睨《にら》んでいる。ネコとしては、飼い主の私が着物を着る＝お出かけ↓自分は留守番をするはめになる↓嫌だ↓飼い主の私が着物を着るのは嫌いという理屈になっているので、

「あんた、何、それ」

と冷たい目つきになってしまうのだ。

「大丈夫、今日はずっと一緒だから安心して。着物を着るから、お出かけするっていうわけじゃないんだよ」

何度も説明しているのに、それでもネコの不安はぬぐい去れないようで、一生懸命諭しても表情は変わらず、こわばった顔でこちらを見ている。

若いときは「ご近所最強のメスネコ」といわれたうちのネコも、今年十六歳と高齢なので、さすがに弱気になってきたようだ。ネコが認識している、週に一度の漢方薬局通

いとか、近所への買い出しはまだしも、洋服であっても、家着とは違う外出用の服に着替えていると、明らかに嫌な顔をし、

「ぎえー、ぎえー」

と汚いドスのきいた鳴き声になる。

「すぐに帰ってくるから。夜は一緒にいられるからね」

と何度も声をかけ、体を撫でてやると、やっと、

「ふんっ」

と不愉快そうに鼻息をもらして、ふて寝をはじめる。

洋服でさえそうなのに、着物に着替えるとなると、鏡の前で着物を体に当てただけで、

「あっ、出かけるのね。やだー、やだー」

と「ぎええー、ぎええー」の絶叫なのである。抱っこをすればごまかせるかと、

「おかあちゃんはしいちゃんがいちばん好きなんだから、帰ってくるのは当たり前でしょう。だからそんな声で鳴かないでちょうだい。ちょっとだけ我慢しててね」

といおうとしても、抱っこしたとたん、ものすごい勢いで両手の輪の中から跳び出し、すたっと床の上に降りて手足を踏ん張り、きっとした顔で私を見上げて、

「ぎえー、ぎえー」

となじる。簡単にはごまかされないわよといっているかのようなのだ。着物に対して、

ネコにネガティブな感情を持ってもらいたくないのに、どうやら大嫌いなお留守番の我慢を連想させる図式が出来上がってしまったようで、残念でならない。

それにもめげず、日常的に着ていれば、着物を着ていても飼い主は家にいる、自分は留守番をしなくてもいいとわかってくれるのではと考えたのに、いつまでたっても着物を着た私に寄りつきもしない。遠くからじっと眺めている。まるでよその家に預けられたネコの、初日の態度である。

「どうしたの、ほら、こっちにおいで」

いくらすり寄ってきても、よだれを垂らしても、ふみふみしてもいいように、あえてデニムの着物にした。なのに私が近寄っていくと、じりじりと後ずさりする始末。まったく以前と変わっていなかった。というより歳を取った分、前よりひどくなったような気がする。

いつも私が夕食を食べた後は、ソファの上に座って、ネコが私の膝の上で眠るというのが習慣になっているので、いくら嫌がっていても、夜になったら膝の上にのってくるだろうと考えていた。ソファに座った私をネコがじっと見ているので、

「おいで、大丈夫だから、お膝にいらっしゃい」

と声をかけると、隣にはやってきたが、膝の上にのろうとしない。

「どうしたの、いつもここに来るでしょう」

するとネコは私の顔を見ながら、

「わあぁ、わあぁ、わあああ」

と大声で鳴いて訴えはじめた。

「そんなに着物が嫌なの」

「んー」

ネコは体の奥から声を出した。ネコの目を見てみると、甘えといった感情はみじんもなく、わかってるだろうな、といっているかのようだ。

「わかったよ」

私はため息をついて、ふだん着ている服に着替えた。黒の無印良品のタートルネックに、自分で編んだカーディガンを羽織った。このカーディガンはソックス用の糸二本取りで、ざくざく編んだもので、面倒なのでボタンもつけず、ただ羽織るだけの形にしたのだ。それに着替えてソファに座ったとたん、ネコはとびついてきて、ぺろぺろと顔や手を舐《な》め、もみもみをしてよだれを垂らし、膝の上でくるりと丸くなって寝てしまった。

「そんなに着物が嫌いなのか……」

がっかりした。

翌日、着物の上に割烹着《かっぽうぎ》を着れば、わからないのではないかと、ベランダでひなたぼっこをしているすきに着物に着替え、割烹着を着たら、部屋に入ってきたとたんに、は

っとした顔をして一歩下がり、またじーっと私の姿を見、そして、

「ぎえええー」

と鳴いた。

「あ、わかったのね、すみませんでした」

私は大きな目を見開いて睨んでいるネコを横目で見ながら、こそこそっとまた洋服に着替えたのだった。

某月某日　うちのネコが好きな洋服は、素材のいいものである。今まででいちばんネコが気に入っていたのは、外出着にと奮発した、カシミヤのカーディガンだった。それを着て抱っこすると、うれしそうに何度も頬ずりをして、満足そうな顔をして寝ていた。そのカーディガンはネコに愛されすぎてぼろぼろになり、すでに処分したのであるが、ネコの今のいちばんのお気に入りは、私の手編みのアルパカ混のセーターである。

セーターはふつう、裾から肩に向かって編んでいくが、首から編み下げていく方法で一度編みたいと思い、初めてその方法で編んだものだ。ひんぱんに洗濯をしたくないのだが、これはネコ用家着とあきらめた。すぐネコ臭くなるので他のセーターより洗濯頻度が高く、糸がとても柔らかいので耐久性に乏しくてフェルト化目前ではないかと危惧している。ネコが着物を敵視しないよう、これからも慣れてくれるように、努力を続け

ていくつもりである。

某月某日　このセーターを編み終えた後、大物は編みたくないけれど、ちょこちょこっと手を動かしたいので、靴下を編んでみた。何年か前に靴下を編んだときは、手持ちの純毛毛糸で編んだため、すぐに穴が開いてしまった。編み上がるまでにかかった時間と、穴が開くまでの時間の短さとの落差に愕然《がくぜん》として、

「手編みの靴下って、何だか報われない」

とその後、編むのをやめたのだった。今度の靴下は手芸店で糸を見つけ、コットン、ウール、ナイロンが入っていて、ウールのみよりは丈夫だろうと編んでみた。地厚のためこれを履くと手持ちの靴が入らないので、室内限定。二本取りでカーディガンを編んだときの糸は、スーパーウォッシャブルウールにポリアミド（ナイロン）が入っていて、洗濯機でも洗えるので、今度はこれで靴下を編んでみたい。

某月某日　新年早々からふさわしくない話題かもしれないが、生まれてはじめてブラックフォーマルの売り場で喪服を買った。これまでも紺や黒の服ばかり着ていたので、必要なときはそれを上下で組み合わせて参列していた。そして四十代の半ばになって、いくらなんでもそれではまずいのではないか、きちんとした喪服の一枚も持っていなくて

は と考えた。しかし店に出向いて試着するのが億劫《おっくう》だったので、送られてきた通販雑誌のなかから、値段、デザインとも、

「この程度でいいか」

というものを選んだのだった。ところが数年後に取り出してみたら、いちおう体は入るものの、腹まわりがぱんぱんになってしまった。そこでまたジャケットとスカートを単品で組み合わせられる喪服を通販で購入し、スカートのほうはふだんにも穿いて活用していた。

ところが昨年末、仕事もすべて終わって、捨てモードに入っていた私は、何か処分できるものはないかと、クローゼットを見ていた。すると、ふだんほとんど目に触れない、喪服のジャケットが出てきた。スカートは単品で使っているとはいえ、やはり上下でハンガーにかけておいたほうが、省スペースにもなるし、いいのではないかとスカートを持ってきて、ジャケットと一緒にベランダで洋服ブラシをかけようとしたところ、明らかにここ何年かで酷使していたスカートが劣化しているのがわかった。

スカートはわかるのだが、一度も袖を通さなかったジャケットのほうも、どういうわけか、

「あれ？」

という感じになっている。ただ置いていただけでくすんだ感じになるって、どういう

ことなのかしらと首を傾げたが、クローゼットの中で不織布のカバーをかけられたまま出番もなく、静かに劣化していたらしい。また着用頻度の多いスカートだけ、クリーニングに出し続けたので、上下で着たとしても明らかに黒の色合いが違っていて、スーツの意味をなさなくなっていた。

喪の用途の着物は、母親のところから回ってきた、紫や渋いローズ色の色喪服が、袷、単衣、夏物とひと通りはあるのだが、最近の天候不順や自分の年齢を考えると、一年中着られるきちんとした洋装の喪服も一セットあったほうがいいと思い、これから何度も買い直すものではないのだから、一度、きちんと試着して買おうと、デパートのブラックフォーマル売り場に出向いたのだった。

そこにはブラックフォーマルを売って二十年、三十年といった感じのベテランの店員さんが揃っていた。といっても彼女たちはみな私よりも年下だと思うが。

「シンプルなもの」

とお願いして、さまざまなデザインを見せてもらったが、どうしてこんなにフリルが好きなの？　といいたくなるくらい、お飾りがついている。

「黒一色なので、多少、デザイン性がないと、本当に貧相に見えてしまうのですよ」

店員さんから、とにかく試着してみないとわからないからと勧められて、いちばん見慣れている、シンプルなテーラードカラーのジャケットとワンピースのセットを着てみたら、ものすごく老けてみえたのでびっくりした。若い頃はこのシンプルさがよかったのに、還暦ともなると、このシンプルさが徒《あだ》になる。

私は急遽《きゆうきよ》、

「ちょっとだけ飾りがあるもの」

に方針転換し、数着試着したそのなかで、いちばん体形に合ったものを選んだ。サイズは七号だった。もちろんミセスサイズの七号だろう。和漢の漢方薬局でお世話になった結果、体重は減ったけれど、七号サイズという言葉を耳にしたのは、二十歳《はたち》の頃以来だったので、

「でも、これから太るかもしれないし……」

と九号サイズに目を向ける私に、店員さんが、

「皆様、それを心配なさるので、こちらのブランドのものは、縫い代をたっぷりとってあるんです」

と裏を見せてくれた。脇縫いで最大二センチは出るので、全体で横幅が四センチ太っても、着られるようになっていた。なので安心して七号サイズを買ってきた。安心はしたけれど、なるべくこれを着る機会がないことを望むばかりだ。

⑫ 着物選びにぐるぐる悩む

某月某日　おばちゃんになると、寒い時季は腰まわりを温めたくなる。若い頃に比べてそこに肉が溜まっているはずなのに、どういうわけか冷える。それが不思議でならない。編み物は子供の頃からしているけれど、身長とのバランスを考えて、丈が長いものは編まなかった。セーター自体は二十年近く経った今でも着られるけれど、丈が問題なのである。どれも腰の中程かそれよりも短くて、今の私としては丈は尻の下まで欲しい。最近はチュニック丈が認知されているので、デザイン的にもおかしくはない。しかし丈を短くするのは簡単だけど、丈を伸ばすために編み足さなくてはならないのが、大変なのである。

編み直しの対象になっているセーターが二枚ある。イギリス製の同じツイードの糸で編んだ、赤と紫のものだ。赤のほうは二十年ほど前に青山の輸入毛糸店で購入したもので、一着分ぎりぎりしかなく、それも凝った編み方はできない分量だったので、格安で買えたのだった。その毛糸の編み心地がよかったので、同じ糸でもう一枚と思い、インターネットで探していたら、そのメーカーのサイトがあって、色違いの紫を購入した。こちらは多めに購入したので糸は余っている。

　これらのやや地厚なセーターは冬の外出にも愛用していたのだけれど、防寒のためには丈がもう少し欲しいし、このまま着るとなっても、糸が微妙に太いので、上にコートを着ようとすると、ぱつんぱつんになる。寒いときにセーターだけだと寒いし、昨今の気候には、上にコートを着るには、薄手のセーターのほうが使い勝手がいいのだ。なので編み直したものは、家着専用にすることにした。

　編み直すにはセーターをほどき、糸をかせ（糸を巻いて束にしたもの）にして押し洗いする。そしてそれを玉状に巻いて編むのだけれど、ツイード糸にはそこここに節があるので、ほどくのにも手間がかかる。このセーターを編んだ労力を思い出しながら、かせを作った。もう一枚の紫のほうもほどきはじめたが、途中で飽きてしまったので、赤を編み直してから、気分を変えてまた作業に励もうと決めた。もともと根気がない性格なのに、おばちゃんはすぐ疲れるので、なかなか作業は進まない。

　赤は余分な糸がないので、丈を伸ばすとなると、他の糸でその分を補充するか、両袖の分を丈にまわすしかなく、その場合はセーターではなくロングベストになる。紫と合わないことはないのだが、中途半端に余り糸を使うと、次に紫を編み直すときに、問題が起きたら困る。となるとまず紫を編み直して仕上げたほうがいいのかなど、頭の中で

あれやこれやと考えたのであるが、再び紫をほどく作業に取りかかる気力もなく、

「赤からだ、赤！」

と気合いをいれて、赤に集中した。

ところが、洗濯をして干して……とやる気になっていたのに雨が降った。毛糸という性質上、ほとんど脱水はしないので、部屋干しだと特有のウール臭が漂う。天気のいいときに、ささっと洗ってささっと外で陰干ししたいのだが、私の予定と天候がかみあわず、そのうえ当日の私のやる気も影響するので、赤の毛糸はかせになったままである。毛糸を触りながら、このままロングベストにすると、ちょっと風合いが硬いので、同色の細いモヘア糸を購入して二本取りで編むと、多少のふわふわ感が出るし、総量の嵩《かさ》ましもできる。こうして方針は決まったものの、毛糸店にモヘア糸を見に行く時間がとれず、すべて中断というありさまなのである。編み直しがいつになることやら、自分でもわからない。情けない限りである。

某月某日　二十年ぶりで歯医者に行った。ある日寝る前にデンタルフロスをし、歯磨きを済ませて何気なく口の中を鏡で見ていたら、虫歯らしきものを見つけた。痛くも何ともないので気がつかなかった。あわてて、以前、お世話になった歯科医院に連絡を取ろうとしたら閉院していて、途方にくれてしまった。歯医者選びは本当に大切である。私

も一度、歯に合っていない被《かぶ》せ物をそれで我慢しろといわれたりしてひどい目に遭っているので、慎重にならざるをえない。電車に乗って通うのはきついので、徒歩で通える範囲の近所の歯科医院をピックアップして、外から見た印象、歯科医院関係の掲示板など、多方面からチェックした結果、候補を二軒に絞った。

そのうちの一軒に予約をしようとした直前、住所の確認のために医院の場所を検索したところ、その医院に対するコメントが書き込んであり、それがとても不評だった。「金儲《かねもう》け主義」「痛くない歯を削られた」など、インターネットの書き込みを百パーセント信じるわけではないが、やはり躊躇《ちゅうちょ》する。そしてそこの医院のサイトをあらためて見てみたら、その噂が納得できるような、院長のプライベート写真が掲載されていた。何とも感じない人もいるかもしれないが、私は男性が結婚指輪以外の宝飾品をつけているのが、とても苦手なのだ。

「あぶないところだった……」

そこでもう一軒の歯科医院に予約を入れたのだが、いったい何を着て行ったらいいのだろうかと考えた。歯医者といったら痛みがつきものなので、そうなると体を締めつけるような服はやめたほうがいいかもしれない。歯を削るときに、エプロンをしていても水が胸元に飛ぶ可能性もあるし、痛くて暴れたときにスカートだと足が開いちゃうとまずいから、やっぱりパンツスタイルで行こう、などなど。緊張しつつそんなことばかり考え、結局、生成りにワイン色のネップが入ったタートルネックセーターに、愛用のおばちゃんジーンズを穿いていった。これでいくら診察のときに大暴れをしても安心である。

しかしその心配はまったくなかった。まず先生が口内をチェックして、そこで自分では気付かなかった小さな虫歯が発見された。その後、歯科衛生士さんが歯を一本一本チェックしてくれる。歯周病が気になっていたのだが、歯もきれいに磨けていて指導する必要もなく、歯周病等も問題ないといわれてほっとした。それなのになぜ虫歯になったのかは謎だ。何度も通うのは嫌だと話したところ、こちらの要望を聞き入れて、二か所の虫歯を一回で、どこをどう治したのかまったくわからないように、痛みもなく治していただいた。これからはまじめに半年に一度、歯の検診に通おうと決めた。

某月某日　正月からはずいぶん日が経ってしまったけれど、友だち三人と新年会の名目で着物を着てランチ。今回は私にはやらねばならぬことがあった。年下の友人から私の誕生日に、とても素敵な「道明《どうみよう》」の帯締めをいただいた。私が差し上げた着物や帯を私より何十倍も素敵に着て下さり、その画像をいつも送ってくれるので、ぜひ今回は私もこの帯締めを締めた画像を、彼女に送らなければと意気込んだ。しかし帯締めをもとに着物や帯を選んだ経験がない。添え物というわけではないけれど、まず着物と帯を決めてから小物を選ぶものだ。今回はその逆をしなくてはならないので、どうしたらいいのだろうかと、頭の中がぐるぐるしてきた。嫌なぐるぐるではないのだが、いったいどうしようかと本気で悩んだ。

帯締め自体が華やかで、ささやかに金が入っているので、柄が目立つ帯や素朴な着物とは相性がよくない。かといって小紋の手持ちは少ないし、手持ちの着物と帯の写真を見ながら、ああでもないこうでもないとやっていた。この着物にこの帯は合うけれど、帯締めが合わない。帯と帯締めは合うけれど、着物が合わないなど問題が出てきて、結局、母親のところからまわってきた、焦げ茶の紬地にブルーグレーと黄土色で笹の葉を臈纈で描いた紬小紋に、天蚕《てんさん》という自然に生育している蚕の糸をとって織った名古屋帯にした。無地なので帯締めも映える。

この着物は代金を支払ったのは私だが、自分が選んだものではないので、いまひとつ地味で私の好みとも違うのだけれど、この組み合わせで何とかなるかと妥協した。テンションがあがらない着物なので、一般的な塩瀬《しおぜ》の半衿だと衿まわりがより地味で沈む感じがしたので、白半衿でも切りばめ模様がふくれ織りになっているものにした。

私が着物を着るときに、いちばん気にするのは衿である。平均身長以上の人だと、それほど気にする必要はないような気がするが、身長が低い私のようなタイプは、衿の部分がきれいに収まっているかどうかが、着姿の印象としてとても重要な気がする。半衿つけは面倒なものなので、長襦袢に洗える衿をつけ、中にプラスチック製の衿芯を差し込む人も多いのだけれど、試してみると体から浮いて具合が悪い。極薄の衿芯でもだめなのだ。昔ながらの、襦袢の地衿《じえり》に衿芯と半衿を縫いつける方法がいちばん衿元の収まりがいい。

そして襦袢の背縫いの部分の地衿の幅が、四十七〜四十八ミリでないといけない。半衿をつけた状態で五センチにしたいからだ。襦袢丈を考えれば、着る人間が背が高くないとわかるはずなのに、なかには襦袢の衿幅に関して無頓着《むとんちやく》で、五センチ以上の幅で仕立ててきた和裁士さんもいたので、以降、衿幅の寸法を指定するようにしてきた。着付けに関しては、みっともなくなければいいくらいにしか考えていないけれど、衿だけは妥協できない。現在のやり方よりも、もっと便利できれいな衿元が作れる方法があれば、試してみたいのだが。今のところ見つからないので、外出前にはせっせと半衿を縫いつけている。

当日の他の方々の着物は、Aさんは紺地に緑色の濃淡、柿色などの細かい小花柄の紬小紋に、白地に金、ブルー、グレーが使われた、木立のような印象のすっきりとした名古屋帯。帯締めは柿色と白の水引だった。ずっとファッション関係の仕事をしていて、夜会巻きが似合うセンスのいい美人なので、とてもうらやましい。私は顔の輪郭といい背格好といい、絶対に夜会巻きが似合わない。髪の毛を伸ばして夜会巻きにしたとしても、きっとタニシにしか見えないだろう。

Bさんは椿《つばき》を織りだした焦げ茶色の紬に、私がほとんど押しつけるようにもらっていただいた、辛子《からし》地に亀甲《きっこう》の中に菊が柄出しされている、母の絞りの名古屋帯を締めて下さっていた。とてもお似合いだったので、私もうれしくなった。コートは柿色の地に、凝った花柄を織りだしてあり、着尺《きじゃく》をコートに仕立てたものでとても素敵だ。Cさんは白大島に、これまたほとんど押しつけ状態でもらっていただいた私の羽織と、大きな市松模様の洒落袋帯を身につけて下さった。ありがたいことである。バッグを二個処分して新しく購入した、小ぶりなのにとても収納力がある私のバッグを褒めていただいた。

その後、用事のあるCさんを除く三人で、Aさんが前から気になっていたという、アンティークショップに行く。そこでAさんが浦野理一《うらのりいち》作の斬新な訪問着に目が釘付《くぎづ》けになり、羽織ってみたところ、まるで誂えたようにぴったりだったので、迷わず持ち帰ることに。私が着ていた母の紬を、いまひとつなじめないといっていたのを聞いて、彼女が、

「この帯だったら群さんらしくなるんじゃないかしら」

とナイジェリアの布で仕立てた、店オリジナルの名古屋帯を選んでくれた。衝動買いだったので、カードで支払う気はなく、手持ちの現金があったら買おうと思っていたら、あいにく払える金額が財布にあった。やっちゃったと思いつつ、ちょっとうきうきしな

がら六時半に家に帰った。うっかりして電気を点《つ》けておくのを忘れ、暗い中でうちの女王様ネコが、めちゃくちゃ怒っていた。

㈩㈡ 夜の外出のため、ネコに尽くす

某月某日　東京にも大雪が降った。今までもそれなりに雪が降る日はあったので、豪雨兼用の長靴は準備していた。それでもふだんは問題はないのだが、出かける場所によっては気が引ける場合もある。長靴ではなくて、雪道を快適に歩ける靴はないか。そのためには雪の多い場所で売られている靴がいいだろうと、北国の靴店をインターネットで探して、雪用の靴を購入した。

ふくらはぎが太い私は、長靴の中にパンツを入れるのは大変なので、ロングブーツは難しく、ショートブーツを選んだ。こちらで売られている靴には見られないほど、底にみっちりと溝がついている。これだったらふだんお出かけ用に穿いている黒いパンツに合わせても、それほど違和感はないだろう。これからはこんな異常気象も増えるだろうから、そのときのために、シミュレーションをしておいたほうがいいと考え、特に行く必要はなかったのに、この靴を履いて雪が降るなか、近所まで買い出しに行った。

雪のときも履けるといわれている靴でも、ちょっと滑ったりして危ないときもあるが、さすがに雪国の靴は根性が違うのか、足元がしっかりする。これはいい具合だと安心して、買い物をして戻ってきた。往復十五分くらいだったが、問題はなかった。路地であってもそこの住人の方々が雪かきをしてくれたから、私も歩けたのだが。ショートブーツの高さ、十二センチ以上積もっていたら、役に立たないのだけれど、そんなときのお出かけなど、ないだろうと楽観的に考えた。

私が雪靴のシミュレーションをしたと友だちに話したら、

「まじめねえ。私は一歩も外に出たくなくて、ずーっと家にいたわよ」

といわれた。また別の友だちは、どうしても行かなくてはならない会合があり、ブーツを履き足元をぐずぐずにしながら必死の思いで行ったら、同じような人がたくさんいたなかで、ストッキングにパンプスを履いていた人がいた。驚いた彼女が、どうしてパンプスで大丈夫だったのかと聞いたら、その女性が住んでいるマンションは駅の上にあり、その路線が地下鉄と相互乗り入れしているので、一歩も外に出ずに、会場まで来られたのだという。それを聞いて私は、なるほどそういう便利さがあったのかと、うなずいたのだった。

某月某日　以前、旅行をしていたグループの人々、七人と会食。全員が揃ったのは十三年ぶりだ。国内の温泉や、香港《ホンコン》、マカオ、台湾にも行った。その後、結婚したり、海外に滞在したり、出産したりした人たちがいて、スケジュールを合わせるのが難しくなり、一緒に旅行をする機会がなくなっていたのだ。

夜の会食は久々だった。飼いネコのしいが、夜のお留守番ができないので、私の都合で打ち合わせを兼ねた会食はすべてランチにしてもらっているけれど、今回はみんなが集合しやすい時間帯になり、しいに泣いてもらわなければならない。ぎゃあぎゃあ文句をいわれないように、三日前からべったべたに甘えさせた。何をいわれても、

「そうね、そうね」

とその通りにしてやった。暖かいストーブの前から移動したくないので、ちょっと離れたところに置いてある、御飯の器をじっと見ながら、

「にゃあ」

と訴える。こっちに持ってこいというのである。いつもは、

「歳を取っても不精しちゃいけないよ。そんなことしてるとね、足が動かなくなるよ」

と説教をする。すると仕方なく自分で食べに行くのだが、今回は黙ってドライフードが入った器を目の前に置いてやった。ところが匂いを嗅いだ後、顔を見上げて、

「んなー」

と鳴く。これではなかったらしい。

「ふーん、それじゃ、こっち？」

おかかが入った器を持っていくと、ものすごい勢いで食べはじめた。

お腹がふくれると眠くなるので、今度は抱っこである。ソファに座ってしいを抱っこしながら、

「本当にいい子ね、こんないい子はどこにもいないよ。お顔もかわいいし、スタイルもいいし、頭もいいし、みんな褒めてるよーっ」

と話しかけると、かわいい声で、

「んーんーんー」

と鳴きながら大満足である。そのまましばらく私の体にくっついて寝ていた。しいが、マッサージをしてと仰向《あおむ》けになれば、ささっと近づいていって丹念にマッサージをし、すべてごもっともで尽くした結果、当日、

「今日は夜にお出かけするからね」

といっても、

「あ、そう」

という顔しかしなかった。ふだんだったら、

「ぎえーぎえええー」

と大声で鳴いて大騒ぎになるのに、事前のアプローチが功を奏したようだ。

場所は六本木でカジュアルな店のようだけれど、くだけすぎるのもどうかと、お出か

け用の黒のパンツ、襟にビーズがついた濃紺のチュニックブラウスの上に、グレーのVネックのロングカーディガンを羽織る。黒のパンツの下は防寒用の黒色のモダールの肌着、タイツを着用。チュニックブラウスの下は、シルクのタンクトップの上に、裏がシルクで表がウールのタンクトップを重ね着し、その上にヒートテックを着用して着ぶくれないように防寒。足元は雪靴ではない、ローヒールのショートブーツである。コートはグレーのコクーンコートにして、夜の外出で寒くなると嫌なので、その上にアニマルプリントのストールを巻いた。

十三年ぶりに全員で会っても、みんなの印象は変わらなかった。ただ以前はグループのなかで、ボケとツッコミのバランスが取れていたのに、ほとんどがボケになっていた。

突然、

「そういえばさ、あのことなんだけど……」

と私よりも十歳ほど年下の女性がいいはじめる。

「お前、それは五分前にみんなで話して、結論が出ただろう」

六十代の男性がつっこんだものの、彼も十分後には、

「あれ？　おれ、何をいおうとしたのか忘れてしまった」

と首を傾げる始末。なのに十数年前に旅行したときのことは、結構、みな覚えている。典型的な中高年症状である。それでもみな約束した場所に集まることができ、無事に帰

宅できたのだから、よしとしよう。機能性肌着をうまく使えば、夜でも特に寒さを感じることなく、移動できるのがわかった。

某月某日　ほぼ毎月行っている、友だちとの着物ランチ。今回は日本橋で雛人形《ひなにんぎょう》展をしているというので、日本橋で食事をした後、展覧会を見る計画だ。いつもご一緒している年上の友だちのうち一人が、

「一日三回の食事は、ちゃんとしたものを食べたい」

という人で、レストラン探しを一手に引き受けてくれている。適当な場所が決まらず、仕方がないので銀座で食事をしてから移動しようかとあれこれ考えてくれて、結局、七十か所も検索して、レストランを選んでくれた。彼女の話によると、ちょうど三人分の席が最後に残っていたという、ほとんど滑り込み状態だったようだ。彼女は、自分が行った店ではないので、味はわからないと心配していたけれど、雰囲気も味もよく値段がリーズナブルだったのもうれしかった。

ランチ後、三井記念美術館で行われている「三井家のおひなさま」展を見る。以前、虎屋《とらや》の雛人形展も見たけれど、それとはまた趣が違っていた。宴用《うたげ》の器、五月人形も展示されていた。私たちがいちばん気に入ったのは、御所人形五十八体の大名行列と、二十一体の御輿《みこし》を担いだ祭り風景だった。御所人形がこんなに集団でいるのは見たこと

がなかったので、それがとても興味深かった。これまで御所人形を見ても、「ああ、そうか」としか感じなかったのが、数が集まるとこんなにかわいらしいとは思わなかった。一体の大きさは十センチほどでみな表情が違う。身につけている着物、腹掛けにもちゃんと家紋が刺繡してある。特に後ろから見ると、丸いお尻がぷりぷりと並んでいるものだから、思わず三人で笑ってしまったほどだった。他の来場者はみな前から見ているのに、赤いふんどしが見えたり見えなかったりする、人形の背後からのアングルを笑いながらじっと見つめていた姿は、ちょっと不気味だったかもしれないが。

他にも桃色の振袖を着て、右手に花籠《はなかご》を提げ、肩越しに振り返るポーズの、かわいらしくかつ色っぽい市松人形も素敵だった。市松人形は直立不動が当たり前と思っていたが、ポーズを取っているタイプははじめて見た。もちろん親が高名な人形師に依頼するわけだけれど、親の娘に対する愛情と人形師のセンスで、こういう素晴らしい人形が出来上がるのだなあと、あらためて感心した。裕福な家の女の子たちは、このような世界に一体しかない人形を作ってもらえたし、それが戦争を乗り越えて残り、市販の人形でさえ簡単には買ってもらえなかった私でも見られるのは、ありがたいことである。

私の当日の着物は、今までずーっとタンスのこやしになっていた「貝合わせ」柄の紬小紋にして、間道の名古屋帯を締めた。この着物は文久小紋《ぶんきゅうこもん》といって二枚の型紙を使って染めたものだ。薄い水色の地の紬に、焦げ茶で柄が染めてある。デパートの担当の

方が、

「貴重だからぜひ買っておいてください」

と熱心に勧めてくれたので購入した。それでも「貝合わせ」という時季を選ぶ柄になじめず、帯もどう合わせていいかわからなかったので、引き出しの中でこやし状態だった。そして今回、まさに着るのは今日しかない、といったタイミングで、引っ張り出して着たのだった。


お二人に「大丈夫」といわれたので、これからは春先に愛用するようにしよう。レストラン探しをしてくださった方は、前回ご一緒したときに購入した浦野理一作の着物に、淡いベージュに桜の花が、白や金ですっきりと手描きされた名古屋帯を締めていた。白地に焦げ茶の亀甲柄の帯締めが引き締め役になっていて、とても贅沢で最高のお洒落着、といった姿だった。もうお一方は、小石丸《こいしまる》の糸と交織《こうしょく》にした緑色の結城紬に、私が若い頃に購入して未着用のまま派手になった、朱色の総絞りの羽織を着てくださった。彼女は私よりも少し年上なのだが、私が派手になったものでも、とてもお似合いになる。見ただけで派手とか地味とかいえないところが、着物は面白い。彼女から、「帰り道、見知らぬ女性から、素敵な絞りですねと声をかけられた」とメールをいただいた。私もとてもうれしかった。これから着物に最適な季節になるので、またあれこれ楽しんで着たい。

某月某日　二週続けて、打ち合わせを兼ねたランチがあった。今日もホテルの和食店で打ち合わせだったのだが、六本木の夜の外出とまったく同じ服装で、全部、済ませてしまった。気温によって肌着を調整し、コートの上にストールを巻くのではなく、下にスカーフをするように変更をしたけれど。会う人が違うので問題ないなと思った。この調子で季節によってお出かけ用セットを作っておけば楽だし、洋服も整理できそうだ。がんばろう。

十三　春夏物の準備を始める

某月某日　このところ外出が多く、家の片づけも溜まっているので、このひと月間は最低限の外出以外はしないようにする。うちのネコの目つきも険しくなってきたし、鳴き声もどこかとげとげしいので、ご機嫌をとらなくてはならない。

春になったので、「マーガレット・ハウエル」のライナーつきの木綿コートを脱いで、身軽になりたいと思うのであるが、花冷えという言葉もあるように、気温差が激しい。午前中は青い空がすがすがしく日射しもあり、天気がよかったのに、午後になるとあっという間に暗い雲が出てきて突然の暴風雨、と天気がめちゃくちゃである。私は家にいることが多いからまだいいけれど、通勤や外に出る用事が多い人は大変だ。ただでさえ荷物が多いのに傘を持ち、夕方からは気温が下がるといわれたら、薄手のコートや羽織物を持っていかなくてはならない。

夕方、図書館に本を返しに行かなくてはならず、日中に比べて気温が下がり、風も強くなってきたので、ダウン製のライナーをはずした木綿コートを着て、首にスカーフを巻いて出かけた。すると四十代くらいの華奢《きやしや》な女性が、小走りに私を追い抜いていった。両腕で体を抱えるようにしていて、デニムに見えるというデギンスを穿き、トップスは大きく開いたVネックの薄手のドルマンスリーブのセーター姿。インナーも透けてみえていて見るからに寒そうだ。コートを着ていてもちょっと寒かったので、風邪を引かなければいいけれどと思っていると、歩道沿いのマンションの中に飛び込んでいった。エレベーターに乗り込んだところをみると、無事帰宅できたようだった。一方、そんな肌寒さなのに、短パン、半袖Tシャツの若い女性が、アイスクリームを食べながら歩いていたのには驚いた。

某月某日　紫外線が強くなってきたので、UV対策をと、棚から日傘と帽子を取り出した。以前にも書いたように、うちの近所には特に風が強く吹き付ける場所がいくつかあって、その周辺を歩かなくてはならないときは本当に困る。日傘が煽《あお》られるので、帽子を愛用していたのだが、その帽子をかぶってみたら、見事に似合わなくなっていた。去年もうすうす感じてはいたのだが、気のせいかな、いや気のせいにしようと着用し続けていたけれど、今年は、

「完全に似合ってない！」

と鏡に断言されたのだった。

その帽子はハイキング用の実用一点張りのもので、幼稚園児がかぶるような、シンプルの極みのデザインだった。ＵＶ加工はもちろん防水もしてある。子供の頃から、こういった形がいちばん似合うと思っていたので、何の問題もなくかぶっていたのに、それが拒否されてしまった。どうして変なのかと考えてみたら、基本過ぎるくらい基本のものよりも、どこかに何かしらのニュアンスが施されていないと、似合わなくなったようだ。同型で黒とベージュの二色を持っていたので、黒のほうもかぶってみたら、顔が暗く見えるし、あらためてベージュをかぶると、首から上だけ草刈りの作業中の人のようだ。かといってドレッシーなものは似合わないし、どうしようかと悩んでしまった。

真夏用には「ヘレンカミンスキー」の帽子をひとつ持っている。つばが八センチのもので、背の低い私にはバランスがいい。ただし素材がラフィアなので、春先にはまだちょっと早い気がする。同じメーカーで探してみようかと、あれこれ見てみたら布帛《ふはく》のものがあった。葉っぱの地模様があるけれど、このくらいなら問題ないかと、今から真夏まで使うつもりで購入した。ついでに、もうちょっとくだけた感じのものもあると便利なので、別のブランドの帽子も購入。今季は活躍してくれることだろう。

某月某日　昨年の秋に購入して、仕立てを頼んでいた浴衣が、仕立て上がってきた。江戸、明治から伝わっている型で染められているものを、工場から直接購入した。一枚は

「虎に牡丹」。男女兼用の柄である。家の中でしか着ないつもりなので、柄が面白いほうがいいとこれを選んだ。もう一枚は、外出も大丈夫な柄をと「ツバメ」にした。明治初めの柄だという。生地は綿紅梅《めんこうばい》という織り方で、わかりやすくいうとワッフル織りである。これが江戸や明治から、人々が着ていた柄だと知ると、また別の喜びがある。浴衣は消耗品といわれるけれど、大切に着ることにしよう。

某月某日　暴風雨になろうが、気温が下がろうが、春は春である。紺色が好きな私でも、きれいな色を着たくはなる。しかし明るい色を着ると、取ってつけたようになるのが困りものだ。その人の特徴によって似合う色を「春」「夏」「秋」「冬」の四タイプに分ける方法があるが、それによると私は「夏」で、白よりもオフホワイト、はっきりした色よりも、少し抑えた感じの色のほうが似合い、肌の色がブルーベースなので、青みが入った色のほうがよいらしい。はっきりくっきりではなく、スモーキーな色合いのなかで、青みが入ったものを選べば似合うはずなのだが、紺や青を除き、他の色、特に暖色で自分に合い、デザインが気に入り、おまけに値段も気に入る服に出会ったためしがない。これまでに出会った経験がないということは、そういう色と私とは縁がないのではないかと思ったりする。

昨年、デパートでコートを探していたとき、実は、

「何と愛らしい」

とうっとりするほどの、「プラダ」のシルク製のコートが目についた。ブルーのプリントで、試着してみたら誂えたようにぴったりだったが（普通体形の人が着たら七分袖だとは思うが）、値段を見てあきらめた。四十万円近い値段は、着物でいうと、街着の小紋ではなくそれよりちょっと格上の、パーティーにも出席できる付下《つけさげ》くらいの値段である。洋服にはとても出せないので、後ろ髪を引かれつつさよならしたけれど、納得できる値段の実用的な木綿のコートがみつかったので、結果的にはよかった。このコートは購入以来、毎日、愛用しているとても好きなコートになった。着続けていったらいい感じによれてくるだろうと、今から楽しみにしている。

色に対して私の関心が向かないからかもしれないけれど、青、紺系はまだしも、ピンクや赤はとても難しい。ちょっとでも色調がずれると、顔がとてもくすんでみえたり、暗い印象になったりする。ピンクや赤を着ているから、明るく見えるわけではないのだ。基本的に私は洋服に関しては色合わせのセンスはないので、スカーフなどの小物で、そのような色を差し色に使うしかないと考えている。そんな時に近所のショッピングモールでセールをしていて、私にしては華やかな印象の、春から夏にかけて使えそうな、薄手のストールを買った。しかし家に帰って、

「これ、似合うのか」

と心配になってきた。鏡の前で巻いてみても、どうも取ってつけたような印象しかない。使っているうちになじんでくるのだろうか。

某月某日　今までもあったことだが、問題なく身につけていたものが、急に似合わなくなる状態がずっと続いている。以前は五年に一度くらいだったのが、三年に一度になり、去年は問題がなかったのに、今年もまだ上半期にもかかわらず、残念な感じになる。とうとう毎年になってしまった。たしかに還暦となると、五十代とは違う一歩を踏み出すので、その証拠かもしれないけれど、

「こんなに露骨に来るか」

といいたくなる。帽子が似合わなくなっただけでもショックだったのに、昨年色違いで二枚購入した、自分ではとっても似合うと思っていた、シルクコットン製のチュニックも、丈はやや長めなのはわかっていたけれど、今年はずどーんとした感じに見える。バランスが悪いものはますます似合わなくなってきたようだ。現実的には筋力も明らかに落ちているし、きっとどんな服でもどんどんこいといった、体の勢いがなくなったのだろう。

今まで愛用していたストレートラインのチノパンツも、穿いているのは楽だが、いまひとつ裾幅が広いような気がしてきた。おっちゃんのパンツを借り着したようなのだ。

裏にネルが張ってある真冬用のタイプはそんなことはないのにである。かといってご年輩の女性の方々が着ているような、ひらひら系、柔らかいてろんとした素材のパンツや、コンサバマダム系のデザインはだめだし、花柄のプリントなども似合わない。手持ちのチノパンツは着用年数がぎりぎりだったので、思い切って処分した。

そうなると普段着、ワンマイルウエアとして着用するパンツがなくなってしまい、通販のサイトをあれこれ物色していると、今まで買ったことがない綿のパンツに目が留まった。紺色のジャカード織で、見る角度によっては、その中に緑色が入っているようにみえる。そして裏は緑色のなかに紺の柄があるという、ネガポジのような感じになっている。コントラストが強くないので、よく見るとわかる程度なのだが、それくらいのほうが私には合うと思ったので、購入してみた。着てみるとウエストはゴムで着心地もよい。

もう一枚はゆったりしていて裾のほうにタックが入った黒のリネンのパンツである。涼しそうだし、長めのバルーンスカートのようになるのではないかと、試しに買ってみたら、自分でもびっくりするくらいすっきりと見える。ワイドパンツだと、下半身がどすんと見えるのが、裾つぼまりになっているだけで、ずいぶん違う。それも同じ裾つぼまりでも、「アラジンと魔法のランプ」に出てくる人が穿いているようなパンツは似合わないけれど、意外にも提灯《ちょうちん》のような形がよかったようだ。あまりにデザインも穿き心地もよかったので、色違いも購入した。これからはいろいろなタイプのパンツスタイルを試してみよう。あれもだめになった、これもだめになったと思うと、八方ふさがりな感じがするけれど、探すのは大変だが、他のデザインや材質のものを選ぶチャンスと思えば、また楽しみも増えるだろう。

某月某日　以前は肌にちくちくするので、好きではなかったリネンが、最近はとても気に入っている。初夏から夏が終わるまで、リネンの服がなくてはどうしようもないほどだ。私でも大丈夫な、肌に刺激のないリネンが使われるようになったことと、湿気がこもらないところが、涼しく爽やかでとてもありがたい。うちのネコも、私がベッドシーツや布団カバーを綿からリネンに替えたとたん、飛び乗ってきて仰向けになり、体をすりつけてごろごろと喜ぶ。あまりに喜ぶので、今ではカバー類は一年中、リネンを使っている。

今の季節は花冷えのときはライナーなしの木綿コート、そうでない日はリネンのコートを着ている。お尻が隠れるので、リネンのベージュのパンツも穿く。トップスも白か生成りのTシャツが多いので、全身生成り系になってしまう。ここでまた、生成りのスカーフなどを巻いてしまうと、煩悩《ぼんのう》が捨てきれず何の修行もしていない、偽ヨガ行者みたいになってしまうので、小物をポイントにしたい。そこでセールで買った薄手のストールを巻いてみたら、やっぱりいまひとつのような。本当に似合わないのか、目慣れればおかしくないのか、今のところ私には判断できない状況である。

十四 いろいろなことにケリをつける日々

某月某日　ある方のご実家が呉服店で、閉店セールを東京でなさるというので、声をかけていただいた。呉服店が閉店になる現実はとても悲しいけれど、「セール」の心地いい言葉の響きに惹《ひ》かれてうかがった。会場の日本家屋の和室が反物の山になっていた。手持ちの着物に不足しているものを補うために、家着&ちょこっとご近所へのお出かけ用のウールの着物を探していると、ふつうの呉服店では見られないほど、たくさんのウールの反物があった。目移りしながら春用、単衣の時期用、秋冬用の三反を選んだ。それでおしまいにしようと思ったのであるが、「ああ、染め帯がなかった」と染め帯、「こういった感じのは持っていなかった」と紬の訪問着を購入。しかしどれも六割引から七割引なので、とてもいい買い物ができた。これで私の着物ワードローブは、何があっても大丈夫になった。

某月某日　病気の後遺症と高齢で着物にまったく関心がなくなった母親の、タンス四棹分の着物や帯が、私のところにどっと送られてきたのは、一年前の四月下旬だった。腹立たしいことにメンテナンスが行き届いていなかったものだから、修復不可能なほど一面にカビが生えていたものが多々あった。怒りながらそれらを捨て、部分的に変色やカビ等があるものは、できるだけ元に戻してもらえたらと、購入した店にお願いしていた。

その後、手入れが終わったものから、五月雨式《さみだれしき》に戻ってきていたのだが、昨日、最後の三枚が届いてすべてが終わった。一年以上かかったことになる。着物類のすべての所有権が私に移り、といっても着物や帯の九十九・九パーセントは、彼女が私のお金で購入したものなので、本来の所有者のもとに戻ってきたと、私は考えているのだが、あまりの枚数に収納するスペースがなく、お手上げ状態になっている。

バザーなどでは、着物に多少のカビや汚れがあっても、バッグ等にリメイクする素材として販売するので、それでもかまわないというところもあり、三十枚ほど送らせてもらった。生地が照りの強い綸子《りんず》だったりすると、着物としては雰囲気が今風ではないのだけれど、袋物の裏地などには十分使えるので、いろいろと用途はあるらしい。

戻ってきたもの、幸い手入れ等が必要なかったもののなかで、着物を着る何人もの知り合いに、それぞれ似合いそうなものを選んで、随時、もらっていただいていた。それでも次から次へと手入れが終わった着物の箱が届くものだから、部屋のなかに積み上げるしかない。床面にはもう場所がなくなったので、桐《きり》タンスの上にも置いていたら、天井にまでぎっちぎちに詰まってしまい、地震のときの転倒防止に役立ちそうなほどだ。

　毎日着物の整理に追われ、メンテナンスをしなかった母親に対する怒りに燃え、ため息をつきながら手入れの支払いに頭を悩ませているうちに、どういうわけか着物が欲しいという感覚が、見事に消え失《う》せてしまった。着物は相変わらず大好きだし、着物＝私が出かけてお留守番を強いられると思い込んでいるうちのネコが、そうではないと理解してくれれば、毎日、着物を着て過ごしたいと、今でも考えている。

　肌着類、半衿、帯揚げ、帯締めなどは、着物を日常的に着ていると消耗品になってしまうので、それらを買うことはあるかもしれない。襦袢も本来ならばそのなかに入るのだろうが、母親のところから二十枚以上の襦袢がまわってきて、それを私の寸法に直したので、在庫は十二分にある。あまりに家中が着物だらけになり、それらの整理にこのところ、ずーっと追われているので、それを順番にやっているうちに憑《つ》きものが落ちたかのような感覚に陥った。着物地獄に陥って四十数年、私もやっと正気に戻れた。

某月某日　悩みに悩んでどうしようかと迷い続けていた、十数年前の水色、深紅のプラダのバッグを二個処分。えいっと手放したら、とてもすがすがしい気分になった。所有物の処分に関して、とてもいい精神状態になってきたようだ。この勢いでどんどん物を減らしていきたい。

某月某日　家で木綿の単衣着物を着て、半幅帯を締めた。

「そんなにネコのわがままばかりを聞いていられるか」

と今日はネコに文句をいわれても無視しようと決めていた。ネコも私の気持ちを察したのか、ちらりと私の姿を見たものの、何もいわず、日当たりのいいベランダで、びろーんと長くなって昼寝をはじめた。それを見ながら、

「本当は着物が嫌いなわけでも、なんでもないいんじゃないか」

と考えたが、うちのネコの性格上、きっと別の日に着物を着たら、ぎゃあぎゃあ怒り出すに違いない。そういう奴《やつ》なのである。男性が気ままな女性と付き合うのは、こんな感じなのではとふと思う。結局、いつもは必ず、一日に一度は私の膝にのってきたり、抱っこしてと甘えるのに、それをしなかった。腹のなかで、

（ちっ、また着物なんか着ちゃってさ）

と舌打ちしていたのだろうか。早く、といっても一緒に住みはじめてから十六年も経ってしまったが、私の家での着物着用を認めていただきたいと、私よりも年長者になったネコに対して願うばかりである。

某月某日　最近、家で長袖の服を着るとどうも気になって仕方がない。冬場は寒いから、手首まである袖のほうがいいのだけれど、初夏にもなると薄手の羽織物でも、長袖だとつい肘のほうへずり上げてしまう。キーボードを叩《たた》き続けるからかもしれないが、手首周辺に布地が重なっていると、どうも鬱陶《うっとう》しい。なので最近はオーガニックコットンの、ボートネックで七分袖のＴシャツの上に、薄手デニムのワークウエアを着ている。下はおばちゃんジーンズか、麻のパンツを穿いている。

ワークウエアというだけあって、機能的にできている。まず汚れを気にしないでいい。ネコが抱きついてきて、もみもみしたりよだれを垂らしても、何の問題もない。チャコールグレーで生地が厚くもなく薄くもなく、今の季節にちょうどいい。洗濯機でも気軽に洗える。ちょっと気温が下がった日は、下に薄手のタートルネック、また秋、冬には下にウールのセーターを着ればよいし、真夏、真冬以外には着られるくらい、身幅と同じく着用時期にも余裕があるのがうれしい。また実用一点張りではなく、襟にちょっと女性らしい雰囲気があるのも好きだ。ポケットもついていて、エプロンにいまひとつ慣れない私にはぴったりの服だった。

某月某日　冬に注文していた手作りの服がやっと届いた。書店で見かけた木綿の服の本を購入して、このメーカーの存在を知った。天然素材を使い、着ていて不都合ができたら、お直しもしてくれるという。早速、サイトを見てみたら、すべてが受注生産なので、すぐに買えるわけではなかった。受注会のお知らせメールに登録して、次回の案内を待っていたところ、偶然、私の編集担当の女性が、このメーカーが好きで、ブラウスやスカートを着ているとのことだった。

打ち合わせのときに、彼女がそこのキュロットスカートを穿いてきてとても素敵だった。キュロットスカートでも、「股が分かれている」とひと目でわかるものではなく、ゆとりがあって、よく見ないとキュロットスカートとわからないものが好みなので、まさにぴったりのデザインだった。それから何か月かして、メールで案内が届いた。やはり会場に行かなくちゃいけないのかと思っていたら、サイトからでも注文できるとのことで、麻のブラウスとキュロットスカートを注文した。それから三か月経って届いたのだ。着物以外でこんなに待たされたのははじめてだが、大量生産ではなく、国内で手作りされているとわかると、その待ち時間も楽しみになってくるというものだ。

無地の場合、生地の厚さが重要になるけれど、ブラウスもキュロットスカートも透けすぎず、厚すぎずといったちょうどいい具合で、とても気に入った。縫った方のお名前がタグに記されているのもうれしい。若い人だったらば、秋になってもこのキュロットの下にレギンスなどを穿いて着るのだろう。衣替えをするものだと習慣づけられていた私は、どうしても冬は分厚い服、夏は薄い服のイメージから抜け出られず、薄手のものを重ねる着方をしていなかった。でもこれからは似合う範囲内で少しずつ取り入れていきたい。私はキュロットの下にレギンスは穿かないけれど、タイツだったら大丈夫かもしれない。

某月某日　天気の悪い日が続いたため、ふだんは洗濯機の乾燥機能を使わないのだけれど、洗濯から乾燥までをセットして仕事をしていた。何時間か経ち洗濯機の蓋を開けて、洗濯物を取り出していると、見慣れない物がある。

「何だ、これは」

こんなものあったかなとよくよく見たら、それはものすごーく小さく、縦にプリーツがたたまれた、ダブルガーゼのパジャマだった。

「何故にこのようなことが」

横に引っ張ると伸びるのだが、手を離すと縮んでプリーツ状態になる。

「もしかして乾燥機に入れちゃ、いけなかったのか？」

他の洗濯物に特に問題はない。パジャマだけが別物になっている。風呂上がりに着てみると、妙に上も下も体にぴったりフィットしている。きついわけではないけれど、どうも変なのだ。

この話を知人にしたら、

「あー、それはだめかもしれないです……」

と気の毒そうにいわれた。機能性肌着、合繊のものは問題ないのだけれど、天然素材は乾燥機に対応できず、仕上がりがとてもまずい状態になると教えてくれた。もしかしたら洗濯機のマニュアルに書いてあったのかもしれないが、面倒だからすっとばして読んでいなかった。あらためてパジャマの洗濯タグを見たら、「乾燥機の使用は避けてください」とちゃんと書いてある。こんなふうになるのかと驚きつつ、今度は乾燥なしで普通に洗濯したら、ほぼ元に戻った（と思う）。破けたりほつれたりしたわけでもなく、ぴったりとしたパジャマでもなくなったので、それでよいのである。乾燥機は使う人によっては、便利なようで便利じゃないのがわかった。私だけかもしれないけど、この歳になっても知らないことがたくさんある。天然素材よりも、洗濯が面倒くさくない合繊、混紡のものが多くなったのと、それを好む人が多い理由がわかった。

某月某日　ここ一年、あまりに母親の着物問題が強烈だったのと、還暦の自分へのご褒美のために、スカーフを買った。秋冬用の色の濃いめなのはあるけれど、地色が薄色で、春から初夏に使えるものは持っていなかったからである。店員さんが五点ほど試着させてくれたが、明るいオレンジ色やピンク色の柄の、きれいで女性らしいものが、全然似合わなかった。二人で「だめでしたね、これは」と意見が一致したのには笑ってしまった。なのでいつもの雰囲気の色合いになったが、動植物柄でとても気に入っている。スカーフ購入もこれで打ち止め。いろいろなことにケリをつけた日々であった。

十五　爽やかな単衣着物日和

某月某日　秋冬用の帯締めで、色はとっても気に入っているのに、どうしても緩んでしまうものがあった。十数年以上前に購入して、最初は私の締め方が悪いのだろうと思っていたのだけれど、それを使うと必ず緩むのがわかった。伊勢丹の呉服売り場で、常設での売り場とは別に、帯締めで有名な道明展が開かれると知って、道明のものならば緩まないので、同じ色があれば買い替えようと行ってみた。探しているのは無地の冠《かんむり》組《ぐみ》で桃色が少し入ったような、甘い焦げ茶色。ところが無地の帯締めが全色、並んでいるのにもかかわらず、ちょうど中間の色味でぴったりの色がない。どうしようかと迷い、この色と同じものを組んでいただける可能性はあるかと、デパートの担当の方を通じてお願いしたところ、後日、組んでいただけるというお返事をいただいた。最近でいちばんうれしい出来事だった。

某月某日　雑誌連載の担当者が替わるので、ホテルの和食店で引き継ぎのための顔合わせランチ。雨が降ってやや肌寒いのであるが、湿気が多くて蒸す感じである。いったい何を着たらいいのやらと、いつものように悩んだ結果、ボトムスはいつもの黒のクロップドパンツと決め、トップスをどうしようかと更に悩む。結局、お出かけセットの、襟にビーズがついた濃紺のシャツブラウスの下に、黒のタンクトップを着た。お出かけセットを決めるのは便利だが、いつも同じというのもいまひとつテンションが上がらないので、新しく買ったエナメル素材の靴を履いた。

ふだん愛用しているスニーカーのメーカーが、今年の新作として作ったストラップシューズで、これを持っていると雰囲気が変わるかなと購入したのである。メーカーの木型が私の幅広足に合っているのか、誂えたようにぴったりでとても歩きやすい。しかし事前にスカートと合わせてみたら、足が太く見えたので、パンツ限定になった。

雨が降っているので、木綿のコートを着る。しかし外に出たら、やはりレインコートなど着ている人はほとんどおらず、やっとコート姿の人を見つけたと思ったら、私と同年輩か高齢者の方々ばかりで、若い人はけっこうな横なぐりの雨が降っていても、やはり着ていないのだ。

(でもコートを着ないと、服が雨に濡れて後始末が面倒くさいんだよね)

私はいいわけがましい言葉を腹の中でつぶやきながら、電車に乗っていた。通勤の時間帯はまた違うのだろうけれど、乗ってくる若者を見ていると、服をカバーするというよりも、濡れてもいい格好で外出しているようだった。合織のミニスカートに生足にサンダルか、レインブーツ。基本的に服が濡れても気にしないらしい。彼らにとってはアウトドアで長時間、外を歩く以外、コートはいらないのかもしれない。私も雨が降ったとしても、家から駅までの十分ほどと、駅から待ち合わせ場所までの五分足らずしか、傘をささなくて済む。それでもつい、雨が降っているとコートに手が伸びてしまう。最近は子供も大雨でもレインコートを着ているのを見なくなった。昔はフードのついた黄色いビニールコートを着て、てるてるぼうずみたいな姿で歩いていたけれど。

某月某日　昼食を食べながらテレビを見ていたら、強風でも煽られない折りたたみ傘を紹介していて、目が釘付けになった。作りとしては傘の上にもうひとつ、小さな傘が一部、重なって載っているような形状になっている。傘の骨と骨の間の部分、ピザでいえば具が載っているところは縫われていないので、そこから風を逃がす構造になっているのだ。傘が載っているといっても、遠目にはほとんどわからず、普通の傘にしか見えない。強風の日の外出時に苦労していた私は、想像よりも値段が安かったこともあって、すぐに購入。そのかわりにスーパーマーケットのレジ横で売られていた、薄手で小型がウリの折りたたみ傘と、数年来使っていた晴雨兼用傘を処分。煽られない傘はワンタッチ開閉だが、折りたたむ際、柄《え》を押し込むのに力がいるのが、筋力が衰えたおばちゃんには、ちょっと難点だった。おまけにこの傘を買ったとたんに、強風の雨の日に外出する用事がなくなったのが悲しい。傘の効果を試したいような試したくないような、複雑な気持ちである。

某月某日　友だちと着物を着てランチ。参加者のうちの一人がお鮨《すし》を食べたいということだったので、ホテルの中の鮨店に集合した。袷も単衣も着られる微妙な時季ではあるが、気温が三十度を超える予報のため、豊田紬《とよだつむぎ》の単衣に竹繊維が使われた単衣用の帯を締めた。豊田紬は絹と木綿の交織の反物で、木綿が入る比率もいろいろある。木綿の比率が高いと硬めの風合いになり、絹の比率が高いとしなやかになる。私のは絹が八十パーセントのもので、しなやかだが木綿の風合いも残っているので、絹百パーセントよりは、ちょっとしっかりした感じになる。木綿の着物よりも軽く、単衣の時季にはとても気持ちよく着られる着物なのだ。ただし絹が入っているので自宅では洗うことができず、木綿が入っているので歩くときに、ややすべりが悪く、もたつきがちになる。これが袷だったらクリームイエローの紬にはなかなか手が出ず、ちょっと抑えた色目を選んでしまうけれど、単衣だと、

「着る時期も短いし、まあ、いいか」

と気にならない。洋服でも夏場だと、蛍光カラーっぽい色を着ていても気にならない

のと同じだろう。

他の三人の着物は、お一人は大島の単衣で、薄いグレーの地に直径七センチほどのピンク色の花がたくさん織り出されている。帯はピンク色の無地紬。彼女は私よりも少しお姉さんではあるが、そういったかわいらしい色合いがとてもお似合いなのである。別のお一人は、お祖母様《ばあさま》の泥大島に、私が差し上げた八寸帯を締めてくださっていた。その大島紬は今では見ない飛び柄で、彼女にとてもよく似合っていた。

以前、彼女から大島に合わせる帯を探しているのだけれど、気に入ったものが見つからなかったと聞いていた。お祖母様の大島だったら、今では作れないようなものだろうし、せっかくあるのに着ないのはもったいない。そこで私の手持ちのなかで、これだったら彼女に似合うのではないかと、濃い黄色の地に群青色《ぐんじょういろ》で、大きな音符が染めてあるものを選んで、もらっていただいたのだ。

「この帯のおかげで、四十年間、タンスで眠っていた祖母の着物が着られます」

とても喜んでくださって、私もうれしかった。

もうお一人は若草色の地に雪輪模様の小紋で、この方も私の断捨離の協力者なので、差し上げた市松模様の帯を締めてくださっていた。彼女はまだ自分では着られないので、近所の美容室で着付けを頼んだところ、八十歳をすぎた女性が待機していたという。その女性は美容院から依頼されると、そのつど出張してくる。最近は礼装ではなく、友人と食事などで着物を着る女性からの依頼が多くなったそうである。

「以前、呉服屋さんで着付けてもらったよりも、今回のほうが楽な気がします」

そう彼女はいっていて、きっと着付けをした方が、ご自身も着物を着た経験が豊富なので、着る人の感覚がわかるのだろう。私は美容室を利用したことはないが、着物を着る人が着付けるのと、着物を着たことがない人が着付けるのでは、大違いなのは間違いない。

私も二十年ほど前に、式典に出なくてはならない用事があり、ヘアメイクを頼んだ人が、着付けもできるというのでお願いしたら、着物の取り扱いすらなっていなかった。着物を取り扱うときは、裾を床にひきずらないのは鉄則なのに、訪問着を腕にかけて、ずるずるとひきずっているので、びっくりして、

「そういう扱い方はやめて。学校で教えてもらわなかったの？」

といったら、きょとんとしている。着付けもスムーズにいかないので、私も手を出して微調整しながら着ていた。ところがいちばん重要な袋帯を締める段になったら、いつまでたっても終わらない。

「あのう、こうでしたっけ？」

といわれて鏡を見ると、見たこともない前衛的な形に帯が折りたたまれていた。できないのにできるといい、プロなのに事前に帯結びの手順を確認しなかった態度にも腹を

立て、私はすぐにほどいて自分で袋帯を結んだ。彼女は、

「すみません」

を連発していたが、私は、

「あなたは着付けができないのだから、簡単に着付けができるなんていっちゃだめよ」

と叱ったのだった。着物を着ないのに、着付けをする立場の人が、着崩れないようにと、ぎゅうぎゅうに紐を締めて、着せられた人が卒倒しそうになったりする。お金を払って不愉快な思いをしなくちゃならないなんて、迷惑な話である。

気温は高かったが、湿気が少なく風があったので、とても爽やかな単衣着物日和だった。家に帰ってから、せっかく着物を着たのだからと、半幅帯の結び方を練習してみた。年齢的に文庫などリボン系の帯結びはちょっと難しいし、お尻が丸出しになる結び方もちょっと辛い。半幅帯だと矢の字に結び、近所に出かけるときはそれに帯締めを締めたりしていたが、男性の帯の結び方が原型になっている片ばさみ、重ね片ばさみが気になっていたので、それを結んでみた。すると当然ながら背中が軽い！　私には尻でか問題があるため、半幅帯は一生締めないと決めていたのだが、そのときよりは多少痩せたので、半幅帯を解禁しようと思っている。特に単衣、カジュアルな夏物は半幅帯が楽で助かる。

某月某日　そんな話を、ランチ会に出席できなかった着物友だちに話したら、

「ちょうど、半幅帯の新作が入荷したっていう案内をもらったから、一緒にお昼ご飯を食べた後、お店に見にいきましょうよ」

と誘ってくれた。博多織《はかたおり》の小袋《こぶくろ》帯《おび》は小唄のお稽古に通っているときによく使っていたのだが、そうではない染めの半幅帯があればなあと考えていたので、グッドタイミングだった。しかし断捨離中だし、物を買うときは現金決済のみに決めていたので、銀行でお金を下ろし、

「この範囲内で買おう。もしオーバーするようだったらあきらめる」

と食事の場所に向かった。

レストランはハーブで有名な薬局の系列のイタリアンのお店で、仕事でフィレンツェに行ったとき、その薬局でハンドクリームを買ってお土産《みやげ》にして、とても喜ばれた。お店の雰囲気も応対してくださった女性も、とっても素敵で思い出に残っている。お皿にてんこ盛りの十五種類のハーブのサラダが、この鬱陶しい時季にとても爽やかだった。

食事を終えて、雨の中、彼女の後をくっついて、お店に連れていってもらう。日本舞踊、和裁の経験もある彼女は半幅帯大賛成派で、

「最終的には、対丈《ついたけ》の着物で、半幅帯っていう格好が、いちばん楽なんじゃないかしら」

という。でも、対丈は寸法が難しいよねなどと話しながら、お店に到着して陳列して

ある品々に目を奪われる。手持ちにない面白い染めのものばかりで、ものすごーく危険である。今回は半幅帯を見にきたので、陳列棚の一点に集中し、彼女にもアドバイスをしてもらって、タイプの違うもの二本を購入した。予算内で収まってよかった。これから半幅帯のさまざまな結び方を練習することにしよう。

十六　夏場のお出かけセット問題

某月某日　雨模様の日、ランチを兼ねた打ち合わせに出かける。白い半袖Tシャツの上に麻のバイアス裁ちのベスト、その上にシフォンのVネックカーディガン、ボトムスは黒のクロップドパンツ、靴は買ったばかりの、スカートだと足が太く見える、パンツのときにしか使えないエナメル靴である。ベスト、カーディガンとも、やっとお尻が隠れるか隠れないかの、微妙な丈ではあるものの、それは無視してパンツスタイルで出かける。

先にいらしていた打ち合わせ相手の女性が、テーブル席ではなく、出入り口に近い、窓に面した横並びの席に座っている。

「奥のテーブル席を取っておいてくださったのだけど、あまりに周囲のおばさんたちの話し声が大きくて、うるさいから替えてもらったの」

という。店内はおばちゃん集団というか、私よりも年齢が上の高齢者でいっぱいで、少し離れた私たちの席にも、奥から話し声や笑い声が押し寄せてくる。以前、ラジオを

聴いていたら、芸人さんが、

「おばちゃんって、どうしてあんなにうるさいんでしょうか。ゲームの『ぷよぷよ』みたいに、四、五人集まったら、消えてくれませんかね」

といっていて、仕事をしながら大笑いしてしまったことがあった。食事をしながら様子をうかがっていると、そんなに大声でわめいているおばさんは見当たらなかった。そこここで話をしている彼女たちの声が一点に集まり、そのうえ音が共鳴するような、残念な店の造りになってしまったらしい。耳が少し遠くなったおばさんたちには影響がないかもしれないが、まだそこまでいっていない私たちには辛かった。

打ち合わせが無事に済むと、彼女が、

「会社の近くに、このメーカーがあって、セールをしていたのでつい、買ってしまったの。プレゼントしたいのですが、どちらがいいですか」

と傘を二本見せてくれた。日本の有名な傘メーカーのものである。リバティ柄と、白と黄色のストライプ柄だ。その方にはリバティ柄がお似合いになりそうだし、私も花柄よりもストライプのほうが抵抗がない。遠慮なくストライプのほうをいただいてしまった。

自分の好みで選ぶと、いつも同じような色、形になってしまうので、違った視点で選んでいただいたものはとても新鮮だった。小ぶりな形もお洒落っぽくて、売られていたとしても、自分のタイプではないからと買わないだろう。家に帰って開いてみたら、ぱっと顔が明るく見えて、花柄だとドレッシーな感じになるが、ストライプなので快活な感じになる。手抜きをしていない、ちゃんとしたタッセルまでついて、とってもかわいらしい。私はいつも実用一点張りで、身長に見合う限り、直径の大きな傘を買ってしまうのだけれど、たまには小ぶりで明るい感じの傘もいいものだなと思った。しかしあまりにかわいらしくてもったいなくて使えそうにないのが困る。

某月某日　明日から大雨になるとわかると、その日も雨が降っていたとしても、仕事を中断して買い出しに行き、食材を多めに補給しておく。そして大雨が降っている間は、じっと家にこもっている。そんなときは浴衣を着ている。うちのネコは私が家で着物を着るのはいやがるのだが、雨の日は強烈な睡魔に襲われるので、いまひとつ活気がない。なので、

「何で着てるのよっ」

といっているらしい、ぎええー、ぎええーといった怒りの声を浴びせられることが、梅雨に入ってからはほとんどなくなった。私の着物姿への嫌悪感よりも、自分の睡魔のほうがまさるらしく、私としては大雨の日は大チャンスなのである。

浴衣と半幅帯を取り出していたら、ネコはちらりと見てきたものの、すでに目は半開

きで眠りかけている。しばらくして舟を漕《こ》いでるなあと見ていたら、こてっと寝てしまった。

昔は絞りの浴衣は好きではなかった。どこかやぼったくて、太って見えるような気がしていたのだけど、少し変わってきた。柄にもよるけれど、絞りの浴衣は襦袢を着て、着物風にも着られるのもいい。一般的な浴衣のコーマ地よりは、絞りを施しやすいように布地が薄手で軽い。そのうえ布地にでこぼこがあるので、肌にぴったりはりつかない。問題なのはその凸と凹ががっちりかさなって、裾捌《すそさば》きが悪くなることくらいだろうか。でも家の中で着ている分には問題はない。歩きづらいときや、暑くなってくると、裾をまくり上げたりするので、お行儀の点ではとてもまずいのではあるが。

和装の場合、夏場には麻足袋というものがある。涼しいと聞いて一度試したけれど、不格好な足の形が露骨にわかるので、二度と履いていない。一般的な足袋は、表地も裏地も晒《さら》しでできていて、寒い時季にはネル裏のものもある。ネル裏は足の形もカバーして、肌へのあたりが柔らかく、夏場は冷房の冷えからも守れるので、私は一年中履いていた。しかしさすがに昨今の猛暑に、ネル裏はきついかもと、試しに開封したての表も裏も晒しの足袋を履いて過ごした。ところが、夜、足袋を脱いでみたら、足の甲の縫い目が当たっている部分に沿って、靴擦れのような水ぶくれが縦にいくつもできている。足袋は一度、水に通してから履くのが鉄則なのに、糊気《のりけ》がついたまま履いたのがいけなかったらしい。いい歳をして、ばかではないかと心の底から呆れてしまった。

某月某日　いっそ湿気のない盛夏のピーカンの日であったら、真夏日でも気合いを入れて着物で出かけられるけれど、湿気が多くて蒸し暑い日は、その気合いも出てこない。これまで準備しておいたお出かけセットは、春くらいまでの気候に対応しているので、これから夏場にかけてのお出かけセットを作らなくてはならなくなった。先日着た、麻のベストとシフォンのカーディガンは、カジュアルな打ち合わせならばいいけれど、もうちょっと改まらなくてはならない場所だと難しい。どうしたらいいかと悩んでいたら、少し前にパンツを購入した通販会社から、カタログが送られてきた。

私はインターネットショッピングでは、どうしても購入したい物があって、会員登録しないと買えない場合のみ、やむをえず登録して購入することにしている。他の店でも購入できるのならば、会員登録をしないで済む店で買う。メールの登録も拒否している し、それでカタログを送ってきたのだろう。以前購入したパンツはジョッパーズタイプでもないのに、私の下半身が太い体形でも、腰から太もももまわりはゆるく、ふくらはぎ部分がとてもきついという、今までにないパターンだった。ゆるいのに穿きにくかったので、どうしようかと思っていたら、友だちがもらってくれるというので、喜んで贈呈した。

改めてカタログを見ると、ワンピースが数多く掲載されている。ずっとワンピースが欲しいと思っていたけれど、私の目に触れてきたものは、デザイン過剰でドレッシーすぎたり、その逆でただワイシャツが長くなっただけのようでそっけなかったりと、これというものに出会わなかった。しかしカタログのなかに目を惹く一枚があった。シンプルなデザインだが上半身と下半身で素材が違う。身頃は無地でスカート部分はカットジャカードという方法の布地で作られているらしい。身頃部分の長さにゆとりがあり、ブラウスをブラウジングして着ているような感じになる。襟ぐりが大きく開いていないのもいい。これだったら羽織物によって、夏から秋口まで着られるのではないかと注文してみた。

びっくりするくらい、すぐに届いた。いったいどんなものかと試着してみたら、ぴったりだった。上半身のサイズでいえば、ワンサイズ下でもよかったかもしれないが、下半身を考えると、購入サイズでよかったと納得した。スカート部分が手が込んでいるドレッシーな感じなので、麻のベストに合わせたシフォンのVネックカーディガンのようにシンプルすぎる羽織物だと、アクセサリーを考えないと、お出かけ用という雰囲気にはなりにくい。

同梱《どうこん》してあった最新のカタログを見ると、羽織物として使えそうな、襟つきでビーズの飾りがついたコットンのカーディガンがあった。これだったら改まった感じにも使える。おまけに荷物が届いた一週間以内の再注文は送料が無料だとあったので、そのカーディガンも注文した。すぐに届いたカーディガンは袖が長かったので、手首が見えるくらいにまくりあげる必要はあったが、他には何も問題はなかった。紺色の薄手のシンプルなカーディガンでも、シフォンのVネックのカーディガンでも、スカーフやアクセサリーでバリエーションが付けられそうなので、これから秋口までのお出かけは、このワンピースを基本にしようと決めた。

某月某日　西麻布のレストランで、ランチを兼ねた打ち合わせ。お出かけセットの出番である。ワンピースはするっと着ればいいだけなので、とても楽ちんなのがうれしい。久しぶりにストッキングを穿き、一足しかない黒のパンプスを出してみたら、

「あれ？」

という感じになっている。たしかに雨降りの日に履いたけれど、ちゃんと家に帰った後に、中に紙を詰めて陰干しし、靴墨を塗って磨いておいたのに、どこかよれっとしている。

「雨の日に履いたのが、まずかったのだろうか」

首を傾げていても、他はスカート時は着用厳禁のエナメル靴しかないので、そのパンプスを履いて家を出る。道中、

「ぱかっと底が剝がれたりしたら、どうしよう」

と心配になったが、幸いそんなことはなかった。

とても暑い日で、十五分ほど外を歩いて汗はかいたけれど、ワンピースを着ていても不快な気分にはならなかった。昔は汗ばむ時季に、裏地のあるものを着ると、その裏地がぺたぺたと肌にくっついてきて、気持ちが悪かったものだが、合成繊維の進歩のおかげで、吸湿速乾性が向上しているようだ。

しかし問題だったのは、ストッキングである。タイツはともかく、ストッキングは苦手なので、パンツスタイルのほうが好きなのだけれど、久々にこの時季に穿いたらやっぱり気持ちが悪い。脱いだとたんに体が、

「はあ～」

とほっとしているのがわかるほどだ。パンツスタイルのときは、不格好だとは思いつつ、実用を優先して、膝下ストッキングを穿いていた。下半身全体がストッキングに覆われていると、こんなに気持ちが悪いのかと改めてわかった。インナーソックスとやらを利用して、パンプスを履くようにしたほうがいいのだろうか。

昔、膝下ストッキングが太ももまで伸びたような、筒の部分のみのストッキングもあったけれど、あれは今も売られているのだろうか。色っぽい女性があのようなストッキングを着用していると、艶《なま》めかしくて素敵だが、明治時代の典型的な日本人体形である

私のようなタイプだと、我ながら「うーん」となる。突発的に他人様《ひとさま》に見られるような事態にならないように願うばかりである。お出かけセットを作ったのはいいが、やっぱりこの季節を過ごすのは、洋服でも着物でも、あれこれ問題が出てくるなあと、ため息が出てきた。

十七　夏場の最適服を考える

某月某日　少しずつだが所有物を減らす作業は続いている。半年ほど前、草履、下駄の断捨離をしたが、今回は二回目である。未使用のものはバザー品として提供したので、ずいぶん下駄箱がすっきりした。しかし奥のほうから見つかった、三十年前に購入した礼装用の草履が劣化していたので処分して、新しいものを買わなくてはならなくなった。普段は紬などカジュアルな着物ばかりなので、礼装用の草履を履いたのは、十回ほどしかなかった。これからそういった機会が何回あるかはわからないが、紋付や訪問着を着るときに、それに見合う草履は必要なのだ。すると私の事情を見越していたように、京都の有名な履物店が期間限定で伊勢丹に出店するという案内が届いたので出かけた。

そのとき着ていったのは、ボトムスは毎度おなじみの黒のクロップドパンツ。トップスはキャップスリーブの濃紺の麻のチュニックである。両脇に幅広の紐がついていて、前でも後ろでも結べるようになっている。冷房対策のために、上にシフォンのVネックカーディガンを羽織るので、後ろでリボン結びを作るとシルエットが変になるし、体の正面でリボンを結ぶのも、年齢的にちょっとまずいのではないかと思ったので、体の右脇でカーディガンからちらりと見える程度にリボン結びをした。夏場のお出かけセットはこれにしよう。靴はくたっとした感じのパンプス。取り出してみたら、前よりもややましのように見えたが、気のせいだろうか。

礼装用の草履台は、鼻緒の柄が着物の格に合っていれば使えるけれど、多くの場合はエナメルの金、銀、白の台になる。単品で見ていると白に見えるけれど、並べてみるとほんの少しだけクリームがかっているものもあり、私にはそちらのほうが似合うようなので、その色に細かく金が散らしてある台に決めた。鼻緒は「宝尽くし」「松竹梅」の刺繍があるもの、金、銀が豪勢なものなど、たくさんあったのだが、気張った礼装だけではなく、もうちょっと用途に融通がきく鼻緒を選んですげてもらった。普段履きとは違って、改まったときに履く草履には、また別の美しさがあってうれしかった。

某月某日　友だちが誘ってくれたので女性四人で食事。そのうちの二人の仕事が終わってからということで、夜の食事会になった。問題は夜のお留守番ができない、うちのネコである。二日前からご機嫌をとり、

「体をさすれ」

とごろりと目の前で横になれば、

「はいはい、わかりました」

と手指にまとわりつく抜け毛をものともせずにさすってやり、両手両足を広げた格好で、日課のリンパマッサージを求められれば、

「はいはい、リンパでございますね」

と丁寧にマッサージをしてやり、じっと私の顔を見る、

「御飯、持って来て」

という目つきを察しては、ささっとカリカリが入った皿を目の前に置いてやった。僕《しもべ》としての役割を果たし、顎の下を撫でながら、

「あのね、明日、ちょっと夜にお出かけするから、お留守番お願いしますね」

といった。すると、

「うー」

と低い小さな声でちょっと不満そうに鳴いたものの、すぐに仰向けになって大あくびをしてリラックスしていた。納得してくれたようだった。

当日、確認のために、

「夜にお出かけするからね」

と念を押すと、

「ふんっ」

と鼻息で返事をして、クーラーがきいているベッドルームで眠りはじめた。そのままずっと寝ているのかと思っていたら、夕方、外出の準備をしていたら、目をぱっちり開けて起きてきて、私の傍らでわあわあ鳴く。

（こいつ、全然理解してなかったのか？）

と脱力したが、まとわりつくことはせず、しばらくしたら部屋の隅から冷ややかな目でこちらを見ていた。家を出るとき、場所を変えてベッドの上で香箱座りをしていたネコに、

「すぐに帰ってくるからね」

と声をかけても無視された。

日中三十六度、朝、晩でも三十度超えという日だったが、夕方外に出ると、それなりに爽やかだった。服も靴も草履を買いに行った日と同じ、お出かけセットである。バッグは突然の雨に降られても耐えられるようにと、側面、底、持ち手は革だが本体は樹脂素材のものにした。草履を買いに行ったときは、前から使っていた夏用の布製バッグを持っていったのだが、使用の限界がきたとわかり、処分したので数は増えていない。樹脂のバッグは本来は和装用なのだけれど、真夏の突然の雨の危険性を考えると、このバッグしか選択の余地がなかった。洋装のバッグは和装にも使える。しかしその逆はとても難しいのだけれど、これはなんとか許容範囲なのではないかと思っている。

服やバッグには問題はなかったけれど、やはりパンプスが気になって仕方がない。足幅が細くなったわけでもないのに、歩いているときに足元を見ると、履き口に妙なゆるみができて、ぱかぱかした感じがする。シンデレラは硬いガラスの靴でさえ、ぴったりだったのに、どうして柔らかい革靴が私の足にはなじまないのだろうか。

「それはお前の足が、シンデレラの足とはぜーんぜん違うからだよ」

シンデレラの登場人物全員から、突っ込まれたような気がした。

おいしい和食の食事会を終えて、同方向の友だち一人とタクシーで帰る車中、

「靴を選ぶのは大変だ」

という話になった。彼女はほっそりしていて私のように足幅も広くないし、服も靴も何の問題もなく選べるのではと話を聞くと、靴のサイズが21・5なので、ほとんど店頭では見かけないのだという。昔は足のサイズが大きい女性が、入る靴がないと嘆いていたが、最近は小さいサイズを探すほうが難しくなった。いちばん小さなサイズが23センチだったりする。服と同じく靴も入ればいいというものではなく、デザインも重要であるから、その両方をクリアするのは大変な確率なのだ。そのうえ私は足幅が広いという重要な問題も抱えている。

「私はやっぱり、足幅が野放しになる草履、下駄向きの足なのよね」

思わずつぶやいたら彼女は笑っていた。そうはいいつつ、前回書いたように水通しを

しないで履いた足袋が擦れて、足の甲に水ぶくれを作るような有様だから、情けない限りである。

某月某日　三十六度の猛暑日である。以前は夏場はTシャツとチノパンツが定番だったのが、まずチノパンツの暑さにまいって、それが昨年からリネンの薄手のだぼっとしたパンツになり、次にTシャツの暑さにまいって、友だちのアドバイスにより、メリヤス素材ではない、風が通るトップスを着るようになった。汗が出ないくらいに低温設定にしてクーラーをかける人ならば、Tシャツを着ていても問題ないだろう。しかしうちの場合は、猛暑でもクーラーの設定温度は二十六度に固定。クーラーをつけているベッドルーム以外の部屋の窓は開けているので、室温は二十八〜三十度になる。

汗は吸い取ってくれるけれど、いつまでたっても湿気を発散してくれないTシャツは、盛夏には快適ではなくなってきた。その後、スポーツ仕様のTシャツも買ってはみたものの、綿百パーセントよりは快適ではあったが、素材的にどうも体となじみが悪い。機能性肌着を下に着たりもしたが、洗濯をするたびに着心地が悪くなり、着るとかゆくなってくる始末だった。そこでシルクのタンクトップの上に、綿麻混紡や麻などの、ゆったりとしたチュニックなどを着てみたらこれが涼しい。汗をかいても風通しがよく、湿気が多いときはTシャツよりははるかに体が楽なのだ。

特に夏向きのやわらかい綿で作られたワンピースは快適だった。室内でも冷え予防のために足は出したくないので、その下に薄手の綿のパンツを穿いている。襟なし、身頃はたっぷり、私が着ると肘が隠れる袖丈なので、冷房の冷えも問題なし。薄手だが透けないし、汗をかいてもすぐ乾く。それを着て家の片づけをしていたら汗をかいたので、綿のパンツを脱いでワンピースだけになったら、風が通ってとてつもなく涼しく、しばらくそのままの格好で椅子に座って放心していた。

Tシャツの素材は綿であってもニットなので、フラットな織りのものよりは、水分や熱をより含みそうだ。湿気の少ない欧米ならばいいけれど、ともかく盛夏でも湿気に悩まされる日本の夏では、織りがフラットで密ではない綿、麻や、昔、おじいちゃんが着ていたような、肌にはりつかない織り方の縮《ちぢみ》、楊柳《ようりゅう》などがやはり涼しいと感じた。

しかしそう感じるのは、私が歳を取ったから？　とも思った。私が子供のときでも、縮などの肌着や服を着ているのは、だいたいがお年寄りで、若い人はほとんど着ていなかった。そういった素材を快適に感じるようになったら、それなりの年齢という目安なのかも。まあそれでも暑い思いをするよりはましである。夏場は風通しのよい服、たとえばあっぱっぱ、ムームーが最適と納得した。

あまりにそのワンピースの使い勝手がよかったので、色違いの紺色も購入。毎日交互にがんがん洗いながら、こればかりを着ている。それを繰り返しながら、お出かけ用だけではなく、家着、普段着などすべてをパターン化すれば、持ち数も少なくなるし、劣化したらその分のみ損失補塡をすればいい。いいところに気がついたと自画自賛したもののの、猛暑のなかで手持ちの服を一気に取捨選択する元気はなく、それはまた涼しくなってからやることにしよう。

某月某日　猛暑の中休みといった感じで、東京は二十五度くらいの過ごしやすい気温になってくれた。少しずつ家着と普段着の片付けでもするかと、クローゼットを整理していたら、友だちからもらった半袖と長袖のTシャツが一枚ずつ出てきた。あまりに気に入って、もったいなくてすぐには着られず、とっておいたものだ。何年も寝かせておいたとはいえ、汗をかく時季に着て、汚すのはしのびないので、涼しくなったら上に何かを羽織って着るつもりだ。また昨年愛用していた紺色の麻のチュニックは、それなりの値段だったのに、一年置いたら劣化が進んでいた。夏物は洗濯を頻繁にするし、裏返して干していても、強烈な日射しのせいか褪色《たいしょく》が激しい。ラジオで家事の専門家が、

「日光消毒をする必要があるタオルや下着以外のものは、直射日光が当たらないように、陰干しをしましょう」

といっていたので、洗濯物の干し方も変わってきた。しかし部屋干しをすると、また室内に湿気が溜まるし、いったいどうすればいいのかと、悩むばかりである。

人工的な冷暖房に依存して、一年中、快適な温度に調節して過ごしていれば、あれやこれやと服装に頭を悩ます必要もなく、Tシャツ等を基本に、薄手、厚手のアウターを重ね着したりして過ごせるだろう。しかしなるべく冷暖房を使わずに、自然現象に添って生活していこうとすると、大変な時代になってきた。

十八　どんな分野でもセンスは大事

某月某日　仕事をしないで夏の襦袢の整理をする。大好きだけど、どういう着物に合わせればいいのか悩む、絽《ろ》の金魚柄の襦袢がある。それを見ては、

「はあ」

とため息をついて、畳紙《たとうし》にしまった。夏の着物は薄物なので透けるのは前提なのだが、どれだけこの襦袢を透けさせていいものやら見当がつかない。またそれにふさわしい夏物の着物も持っていないので、ただ眺めるだけで終わっている。

残念ながら七月、八月は、家で浴衣を着ただけで、絹物を着る機会がなかった。絹の着物に汗は大敵で、そのときはたいしたことはないようにみえても、取り返しがつかなくなる場合も多い。以前、友だちの着道楽のお母様が、たくさんの着物を譲ってくださった。そのなかで素敵な柄の夏紬の着物があったのだけれど、身頃全体に変色があり、焦げ茶色の小さな点がたくさん飛んでいた。「着物は一度着て、汗もかいていなかったので、そのままタンスに入れていたら、このようなしみになってしまった。着るのは無

理なので、小物等を作るのに使ってください」とお母様からの手紙も入っていた。着物を着慣れている方が、大丈夫と思ったのに、年月が経ってこんなに汗じみがひどく浮き出てくるのかと驚いた。

それから私は気をつけて、特に夏物は一度しか着なくても、季節が過ぎたら汗抜きを、購入した呉服店にお願いするようにしている。それでもしばらくして取り出してみると、襦袢本体は問題がないのに、地衿の木綿布の部分に、汗じみが浮き出て薄汚れた感じになっているものがある。手入れから戻ってきたときにチェックをして、許容範囲だったのに、そのときよりも汚れが目立っているような。当然だが気に入って何度も着たものほど劣化が激しいのだ。

正絹《しょうけん》、麻、綿、麻と化繊の混紡、自分が誂えたもの、母親のものを寸法直ししたものなど、夏物の襦袢を全部広げて眺めていたら、

「和裁士さんの仕立て方も、さまざまなのだなあ」

と気付いた。和裁士は国家資格の技能検定があるので、襦袢でいえば関東仕立て、関西仕立ての形の違いはあるけれど、基本的に縫い方は同じと考えていたが、縫う人によって特徴があった。

ひと針ひと針、手で縫ってくださった和裁士さんには申し訳ないけれど、どんな分野でもセンスというのは大事なのだ。たとえば麻、綿、麻と化繊の混紡などは、家でこま

めに洗える。手元にある襦袢のうち、古いのは三十年ほど前、新しいのは数年前のものだ。家で洗える素材で仕立てる場合は、乾きやすさが大切だ。そして夏場に着るものだから、洋服と同じように衿まわりが地厚になるのは避けたい。しかし母が未着用で、そのまま私の手元に来た麻の襦袢の地衿には、木綿布を幾重にも折りたたんだ芯が入っていたり、本来ならば地衿の上に付ける半衿の芯を、地衿の中に芯として入れている、はじめて見た仕立て方のものもあった。

「これでは身頃が乾いたとしても、衿だけいつまでも乾かないのでは」

と首を傾げた。購入した呉服店の指示があったのかどうかはわからないけれど、いくら技術が素晴らしかったり、縫うのが速かったりしても、こういうところで和裁のセンスのあるなしがわかる。外からは見える部分が少ない襦袢であっても、用途によってそれらにふさわしい気遣いが必要なのではないだろうか。

衿に問題があった襦袢は、どちらもいちばん古い三十年前のもので、最近のものは地衿を分厚くする作り方にはなっていない。学校の家政科を卒業した母親は和裁が得意で、全校生徒から選ばれて、校長先生の式服を縫ったのがいちばんの自慢なのだが、五十歳くらいのときに、和裁教室に通い直し、

「昔に習ったのと違ってる」

と驚いていた。大昔から形の変わらない着物だが、縫い方は日々、進歩していたらし

い。もしかしたら地衿を分厚くするのが、当時のやり方だったのかもしれない。

今年はともかく、来年着られるようにするために、つたない私の技術で好みの地衿に変更する作業にかかった。地衿を全部身頃からはずしてしまうと、取り返しがつかなくなりそうだったので、地衿の片側だけをほどき、中で分厚く折りたたまれている木綿布を、はさみを突っ込んで切り取り、またもう一枚は中に入れてある半衿の芯地をひっこぬき、元通りに身頃ととじ合わせて、薄い地衿に直すのに成功した。どうせ家で洗うので、多少変でも人目に触れないので気は楽だった。

人件費の問題で、近頃は着物の仕立てをアジアの国に発注するケースが多くなった。それによってアジアの人たちの仕事が増えて、収入が増えるのは喜ぶべきことなのかもしれない。しかし着物が民族衣装の国で、専門で仕事をしている人でさえ仕立てのセンスが必要なのに、ただ布と布を縫い合わせるためだけに雇われた人が、着物や襦袢を格好よく仕立てることができるのだろうかと少し不安にはなる。それともそんな細かいところまで、気にする人もいなくなってしまったのだろうか。

某月某日 リンパマッサージを受ける。マッサージの内容は今は仕事柄前屈《まえかが》みになりやすく、肩が前に入ってしまいがちな姿勢を直していただくのが主になっている。とにかく肩胛骨《けんこうこつ》まわりを柔らかくしておかないとだめだというので、挙げた両手を後ろからぐいっと引っ張られたり、肘のあたりを揉《も》みほぐしてもらったりすると、詰まった感じでぼーっとしていた頭や、肩、腕がすっきりする。仕事をしていないときはどこも凝った感じがしないのに、仕事が続くとやはり体の一部に重みがかかったように感じる。

上半身だけのマッサージとはいえ、腕をぐるんぐるん回されたり、引っ張られたりするので、いちおう着る物には気をつける。一度、ボートネックのニットを着ていったら、マッサージを受けているうちに、襟ぐりがずれて、ずるっと片肌脱いだようになってあわてた。なるべく先生がマッサージをしやすいものがいいだろうし、こちらもあっちこっちがずれても焦らないようなデザインが好ましい。私の場合、おおっぴらに肌が露出するような服は持っていないけれども、素材的に皺になりにくいものを選びたい。

この日は春先に購入した、麻のチュニックを着ていった。身頃は細かい楊柳のような生地なので、多少、皺が入っても目立たない。袖は麻糸のやや透け感のあるニットになっている。冷房対策にいいかと思ったのだが、さすがに麻のニットが付いていると、袖だけでも暑くて、真夏には着られなかった。しかし真夏よりもやや気温が下がったものの、湿気が多くて重ね着をすると蒸す、中途半端なこの時期にはぴったりだった。電車では冷房がきいているので、念のためにオーガニックコットンのスカーフを巻いていたが、暑くて取ってしまった。ボトムスはメーカーは違うけれど、冬場に愛用しているおばちゃんジーンズの夏バージョンで、綿に少しの麻とポリウレタンが入っている。こちらも真夏は暑いけれど、体感的にはちょうどよかった。

某月某日　夏場は浴衣を着ると汗をかいたけれど、そこまで汗をかかなくなったので、家で浴衣より少し厚手の木綿着物を着る。帯は博多織の半幅帯だ。一般的に小袋帯と呼ばれているもので、特に家で着物を着るとき、この帯の締めやすさを知ってしまうと、他の帯には手が伸びなくなる。歳を取ると帯の軽さがとてもありがたい。着物は両面染めになっていて、片面が縞、もう片面が紅葉《もみじ》柄になっている。普段着で季節を限定したくなかったので、縞のほうを表にして仕立ててもらった。生地に耐久性があったらの話だが、裏面を表に仕立て替えることもできる。私の手持ちの普段着用の木綿着物は紺色系が多い。若い頃は白髪がなかったので、頭は黒、着物は紺といった感じだったのが、白髪がまじってきた今では、上半身の色味が軽くなって、いい感じになったような気がする。

私よりもひとまわり年下の、白髪に悩んでいるわけでもない女性に、どうしてずっとカラーリングをし続けているのかと聞いてみた。すると、

「私は色が白いので、その周辺に真っ黒な髪の毛があると、とても重たくなるので、カラーリングしているんです」

と答えが返ってきて、ああなるほどと納得した。黒ではなくて茶色にすると、パステ

ルカラーが似合いやすくなりそうだ。そういった色合いを好む女性も多くなったのだろう。

ヘアサロンでカラーリングをするときは、専門のスタッフがいて、似合う色を調合してくれるらしいのだが、同じカラーリング剤を使っても、スタッフが違うとどういうわけか色が違ってくるという。化学染料は、分量が同じで染める時間も同じであれば、基本的に誰がやっても同じなのではと思うのに、微妙に違うというのが不思議だ。彼女はいつもの人ではないスタッフにやってもらったところ、黄色みが強い色になってしまったと嘆いていた。それまでは品のいい茶色だったのに、男子高校生が自宅の風呂場で染めたような色で、彼女には似合っていなかった。

同じ染料を使っても、こんなに色合いが違うとは知らなかった。気に入らない髪の色で、ひと月、ふた月生活しなくてはならないのは辛そうだ。地毛の色を変えているわけだから、いつも同じ色でないと、染めてもらう側が困るではないか。私は早く総白髪になるのを願っているのだが。

某月某日　打ち合わせを兼ねたランチ。担当者が替わったのでその顔合わせ。といっても彼女が前に勤務していた出版社で新入社員当時、上司から紹介していただいたことがあるので、十五年ぶりの再会である。朝から雨の降りが強く、天気予報では雨が上がっても、突然、大雨になる地域があるので、注意をするようにといっていた。といってもレインコート用の木綿コートを着るような季節でもなく、雨も上がり晴れ間も出てきたので、そうなったらそのときと、特に雨対策はしないで出かける。

シルクのプリント地に襟ぐりの半分にビーズが飾りについているチュニックに、いつもと同じ、黒のクロップドパンツ。チュニックはノースリーブで腕隠しが必要なので、ポリエステルとレーヨンが混ざった、グレーのカーディガンを羽織る。バッグは雨に降られてもいいように、樹脂バッグである。靴はもう一度、黒のパンプスを履いてみて、具合を確認してみる。まだ履けるのはわかったけれど、駅から待ち合わせの店まで歩いている間、右足の指に違和感が出てきた。これはまめができると確信した。

同席した女性が私のチュニックを何度も褒めてくれてうれしかったけれど、家に帰ってみたら、やっぱり右足の薬指にまめができていた。手入れはしていたけれど、何度も雨に濡らしてしまったので、靴の根本的な作りに問題が起きたのだろうか。私の足が一般的ではなく規格外なのはわかっているが、これを履くのは限界かもしれない。外出用にはエナメルの靴があるので、それを履けばいいけれど、弔事向きではないので、エナメル素材ではないシンプルな靴が必要だろう。用途に合っていて、この足にも合う靴を、また探さなくてはならなくなった。

十九　お出かけセットに頼る日々

某月某日　昭和四十一年（一九六六年）の東京の動画があると知って、ＹｏｕＴｕｂｅを見た。ドイツ人カメラマンが撮影した十七分ほどの動画で、一般家庭や通勤風景が中心になっていて、当時十二歳だった私は、懐かしさでいっぱいになった。見ていて驚いたのは、着物姿の主婦がとても多いことだった。小学生の子供二人と幼児が一人とイヌがいるその家のお母さんは、銘仙《めいせん》らしき着物に半幅帯、割烹着という姿である。近所の商店街に下駄履きで買い物に行くのだけれど、そこに集まる主婦たちのほとんどが着物に割烹着姿なのだ。撮影者が外国人なので、そのような姿の女性が集まっているタイミングを狙った可能性もあるが。昭和四十一年は東京オリンピックの二年後で、東京は一段階近代化されたような気がしていたのに、こんなに着物姿のお母さんがいたとは、思ってもみなかった。

その頃私は練馬《ねりま》に住んでいたが、ご近所でふだんから着物を着ている人は、おばあちゃんと呼ばれる年齢の女性しかいなかった。母親も正月、入学式、卒業式には着物を着ていたけれど、ふだんは洋服だった。その動画ではお父さんは原付バイクで品川区東大崎の会社に通勤していたので、そこから遠くない住宅地に家があるのだろう。目黒区八《や》雲《くも》の交番や地図も出てきたので、その近辺なのかもしれない。ただし銀座になるとお出かけの着物姿の女性は少数で、洋服姿の女性の比率がとても高くなっていた。

通勤の姿も男性のスーツ姿は今とほとんど変わらない。女性はほとんどの人がスーツかジャケット＋スカートで、身なりを整えている。カーディガン姿もパンツスタイルも見かけない。会社にはきちんとした姿で通うのが当たり前だったのがよくわかる。外出着と家着が分けられていた時代だったのだ。

某月某日　年上のお友だちから首里織《しゆりおり》の名古屋帯をいただいた。

「自分には似合わなかったから。せっかく持ち物を減らしているのにごめんね」

といわれたものの、喜んでいただいてしまう。赤っぽい色の帯は持っていなかったし、私が持っているほとんどの着物に合うというすばらしさだった。

某月某日　連載の打ち合わせで、デパート内の喫茶店に行く。着たのはこの時季のお出かけセット。シルバーグレーのカーディガンにプリントのチュニック、下は黒のクロップドパンツである。このごろ気になって仕方がない、懸案の黒のパンプスをまた履いてみる。

襟ぐりの半分にビーズが付いている、プリントのチュニックを、編集者の女性に、

「プリントの上にビーズが付いているのが素敵ですね」

と褒めていただいた。ぐるりと付いていると、私には華やかすぎるけれど、一部分だと気恥ずかしくならないのでちょうどいい。アクセサリーをしなくていいのも助かる。クリーニングしたらどうなるかが不安ではあるが。

　行きの電車の中では、久しぶりにデパートに行くから、打ち合わせが終わったら、店内をまわってみようかと考えていたのを、中止してすぐ家に帰る。パンプスが末期的状態だったのか、とにかく履いているのが苦痛で仕方がなく、すぐにでも脱ぎたかったのだ。そのデパートの靴売り場で、新しい靴を購入して履いて帰るという選択もあったのだけれど、私がカードを持っているデパートは、流行のものはいち早く入荷するけれど、私が欲しいような定番の靴は選択肢が少ない。何年か前に店員さんにもチェックしてもらってここで靴を買い、幅に合わせたら縦が長かったのを、そんなものかと履いて外出したら、歩くたびに靴から、「ブイッ、ブイッ」とおならのような音が出た記憶が蘇《よみがえ》ってきて、ここで靴を買うのに躊躇するようになった。

　家に帰って玄関で靴を脱いだとたん、

「はあ～」

と脱力した。やっぱり私の足には下駄や草履が楽だ。数日後、あらためて顧客の年齢層がやや高めと思われる近くのデパートに行って、何の変哲もないシンプルな黒のローヒールを購入した。履き心地が悪くなったのは、雨に濡らした私の扱い方が悪かったのかもしれないが、不安がつのっていたパンプスとはさよならした。

その帰り、駅で電車を待っていたら、目の前を通った若い女性が、まったくサイズが合ってない靴を履いて歩いている。ピンク色のエナメルで、銀色の花飾りが中央に付いたフラットシューズを、まるでサンダルのようにつっかけて履いているのだ。歩くたびにぱかぱかしていて、彼女には大きすぎるのに、自分の足に合わなくても、その靴を履きたかったのだろうか。それを見ていると、

「足に合う靴の基準って何？」

と首を傾げたくなる。自分の足にフィットするのが最低限必要な要素だと思っていたのだが。今は自分に合ったサイズよりもデザイン優先になったらしい。

某月某日　家でも浴衣を着るような季節ではなくなったので、洗って片付ける。夏物と単衣の襦袢がチェストの引き出し二つ分を占領しているので、これもついでに片付ける。和室の一間分の押し入れの上段には、まだスペースがあるのだけれど、そこはうちのネコの遊び場にもなっている。どういうわけかそこが好きで、家の中を走り回った後に飛

び乗り、四本の足を踏ん張って、

「うんにゃーっ」

と得意気に雄叫《おたけ》びを上げていたりする。たまに昼寝をしているときもある。しかしそこにも荷物を置かなければならなくなってきた。中に入れておけば、カビ、湿気も心配なしという、幅約百センチ、奥行き四十三センチの、着物用のジップロックみたいな袋に、浴衣や襦袢を入れていったら五袋になった。一枚は軽いけれど、まとまると結構な重さになり、私はそれを一袋ずつ、よっこいしょといいながら、押し入れの上段に積み上げた。今でさえこんなに大変なのだから、歳を取ってこの袋を上げ下げするのは、難しいのではないか。ともかくタンス類を増やすことなく、すべてを収納できるようにするまで減らさなくてはと、あらためて肝に銘じた。母のところから、どっと着物や帯が届いて、手入れをしていろいろな方にもらっていただき、やっともとの量からやや減になるまでにしたのに、もっと減らさないと無理だ。

洋服も一枚買って二枚減らすのを、このところ買ったまま減らさずにほったらかしていたので、夏物を整理する。十枚は購入していないけれど、二十枚を処分。雑誌で紹介されていた、古着リサイクルをしている工場に送る。「友だちにあげられるような状態の衣類」が送付基準だったので、それに適した物を送った。かける服がないハンガーが、どんどん余っていくのが快感になってきた。

某月某日　ネコが和室で、わあわあと大声で鳴いている。何事かと行ってみたら、自分の遊び場の押し入れが、わけがわからない大きな袋に占領されているのを見て、ものすごく怒っている。

「ごめんね、入れるところがなかったから。でも、ここは空いてるよ。これだけ空いてたら遊べるじゃない」

押し入れの四十センチ四方ほどの空きスペースを指差すと、ネコは、

「いやーっ、いやーっ」

と鼻に縦皺を寄せて怒っている。

「もう入れるところがないんだよ。だからちょっと我慢して」

そういうとネコは、ふんっと鼻息を出して、ベッドルームに入っていってしまった。せっかく押し入れに整理したというのに、ネコの機嫌を直すために、浴衣類が入った袋は、どこかに移動しなければならなくなった。

某月某日　友だちとランチ。お出かけセットが活躍。新しく買った黒のパンプスを履いてみる。足へのあたりが柔らかく、とても歩きやすいのだけれど、ローヒールなのに何となく足が前にずれていくような感じがある。インソールを入れれば収まるかもしれな

いと思いつつ、約束の場所に出向く。彼女にもビーズ付きチュニックを褒めてもらった。値段はそれほどでもなかったのに、ずいぶん評判がいいなあとちょっとうれしくなる。しかしこの時季、今のところこれしかお出かけセットがないので頭が痛いところである。

某月某日　秋なのに気温が高い日は何を着てよいやら、本当に困ってしまう。夏の終わりから秋の終わりにかけては、薄手のものを重ねていく十二単《じゅうにひとえ》方式がいちばんいいのかも。気温が三十度なので、夏によく着ていた、肌ざわりのいい麻混のTシャツに、カーディガンを羽織った。夏場は薄手の綿シフォンだったけれど、秋になるとそれだと袖の透け感が強いので、コットンシルクのカーディガンにする。同じ三十度でも夏場とは質が違う。夏場と同じ格好をして気を抜くと、風邪を引きそうなので、羽織物は夏場よりも厚手にした。でもやはり暑いことは暑かった。

某月某日　今日は二十六度である。このくらいの気温がいちばん困る。みんなどうしているのかしらと、散歩の際に歩いている人を眺めてみると、女性は長袖のカーディガンや、薄手の羽織物を着ている人あり、男性は半袖のTシャツ姿の人あり、営業の仕事中らしき人は、男女ともちゃんとジャケットも着たスーツ姿だった。いちおう衣替えの日は過ぎていたので、会社員は夏場のような姿ではまずいのかもしれない。

七分袖のボートネックのTシャツの上に、綿の薄手デニム風素材のシャツジャケットを羽織ったら快適だった。秋はからっとした晴天が続いたものなのに、最近は湿気がある日も多い。なので薄手の綿や、麻が混ざった素材の服を着ると、湿気がこもらなくて心地いい。私が若い頃は、麻は着物の衣替えみたいに着用時期に暗黙の了解があって、多くの場合、着始めるのは初夏の五月から、着納めは八月末とされていて、九月になっても麻を着ているのは、どこか寒々しい感じがするといわれていたものだった。しかし今は、一年中、麻の出番になっている。

クローゼットを眺めながら、湿気が多く気温差が激しい時季は、麻の長袖ブラウスの下にTシャツを着て、その上にカーディガンを羽織るということもできるのだなと今さらながら気がつく。うちに送られてきた洋服のカタログを見ていたら、秋冬物としてウールと麻の混紡の布地で作られた服が掲載されていた。麻は皺になりやすいので、その問題はどうなのだろうかと、麻混ウールの布で作られたチュニックやスカートをじーっと眺めた。写真を見た限りでは麻っぽさはなく、薄手のウールといった感じの素材感だった。

某月某日　仕事が一段落したので、一日中木綿の着物を着る。簡単に洗えるように、居《い》敷当《しきあ》ても付けていないので、すぐにお尻や膝の部分が出てしまうかもしれないけれど家木綿着物は着と割り切っている。秋なので柿柄のポリエステルの半幅帯を締めてみる。いちお浴衣のように直接肌着の上に着ると、衿まわりが汚れやすく洗濯が面倒なので、合織の半衿う半襦袢を着た。最近は絹の半衿でなくても、かゆくならなくなったので、身頃や胴回り部分に晒しをが付いた「うそつき」（袖や裾に襦袢の生地を使い、外から見えない身頃や胴回り部分に晒しを使った二部式襦袢）の半襦袢でも着られるようになり、家にいるときに着物を着るのがとても楽になった。気楽に半幅帯を締めて、これからまた着物を着る日を増やそう。

二十　ちっちゃいおじさん化との戦い

某月某日　月日の経つのは早く、あの暑い日々が嘘《うそ》のように、肌寒くなってきた。単行本のゲラ渡しと打ち合わせがあるので、以前着用したカシュクールタイプのグレーの薄手ニットを着るつもりでいた。下はいつもの黒のクロップドパンツ。日中は気温が上がるとのことだったので、ニットのロングカーディガンにしようと決めていた。すべてクローゼットから取り出して、いざ着替えようと薄手ニットを手にすると、後ろ身頃に異変が。老眼鏡をかけ直してよく見てみると、背中の中ほどが虫に喰《く》われているではないか。びっくりして点検すると、同じく後ろ身頃の左肩の下にも、小さな穴が開いている。これまで床の上に置いておいたわけでもないのに、どうしてこんなことになったのか。(前回着た後に、一瞬、床の上に落としたかもしれないけど、落とさなかったかもしれない)

といった曖昧な記憶しかないのだが、床に落としただけでこんなふうになるのだろうか。

あれやこれやと理由を考えているうちに、出かける時間が迫ってきた。補欠のセットなど準備していなかったので、あわてて手近にあった白いシャツブラウスと、グレーのVネックのカーディガンに着替えて、急いで家を出た。いくら制服みたいな格好が好きだといっても、これでは何の愛想もないなと思い、不本意でならない。問題なく打ち合わせは済んだものの、気分は暗い。

服を減らしているということは、手元にあるのは使い勝手がよく着心地もよく、気に入っているものばかりなのだ。そのうちの一枚が、思いもかけずこんなことになってしまって本当に悲しい。シンプルだがクルーネックやVネックに比べて、ちょっとエレガントな雰囲気もあって、外出時やレストランでのランチなどにも重宝していたのに。同じものはないかと購入したサイトを見てみたら、すでに販売終了になっていた。薄手のニットに虫喰いとなったら修復もできず、泣く泣くお別れするしかなかった。

某月某日　今日も打ち合わせ。白いシャツブラウスのかわりに、ハイネックの黒の綿のセーターをインナーにしただけで、あとは同じ。帰りの電車の中で、隣に座っていた四十代後半から五十代はじめくらいの女性二人が、最近はテレビにも出ている、彼女たちと同年輩のモデルさんについて話していた。

「あのね、この間、街で見かけたんだけど、雑誌で見るよりも、ずっと顔が小さくて顔のパーツが大きいの」

本物のほうがどれだけ素敵だったかをうっとりと話している。それを聞きながら、

(そうか。こっちは顔が大きくてパーツがちっこいからなあ)

などと思っているうちに、最寄《もよ》り駅に着いた。考えてみればこの顔とも六十年つきあっているわけで、今さら嫌いとも好きともいえない。これからも暗かったり根性が悪そうに見えなければ御《おん》の字と思うことにしよう。

某月某日 家着もまだ縮小化する余地がありそうなので、制服化することに決めた。春夏は半袖Tシャツ、麻のワークウエアに木綿か麻のパンツ。秋冬は七分袖のTシャツ、デニムのワークウエアに裏起毛のおばちゃんジーンズ。寒くなるとワークウエアの上にカーディガンや厚手のパーカーを着て、気温に応じて首に巻き物をすれば何とかなる。それ以外の普段着用にしていた服は、すべて処分できる。

某月某日 誰しも今まで似合っていたものが、あるとき突然、似合わなくなった経験はあるだろう。私も何回も経験しているけれど、これまでは「似合わない」から次の「似合わない」が来るまで、五年くらいのスパンだったのが、三年、一年と短くなり、最近は一年、持たなくなってきた。冬用の木綿のコートは一枚しか持っていないので、この

時期はライナーをつけてほぼ毎日着ている。

今日も買い出しに行こうと、コロコロを手に、コートから出ているパンツの膝下の部分に、糸くずやネコの毛がついていないかしらと点検し、ふと自分の姿を見ると、何か変なのである。なるべくおじさんぽく、ごつくならないように、ステンカラーのタイプを選んだのに、どうしても性別が男性よりに見えてしまう。ヘアスタイルもショートだし、化粧もほとんどしないし、デニムのパンツスタイルなので、そう見えるのかと思ったが、同年輩の女性で、そのようなスタイルでも男性よりに見えない人はたくさんいる。私と同じようにほとんど化粧をしていなくてもである。

「いったいなぜ？」

肩が張っていて筋肉質の男性的な体形というのならわかるが、私は背が低くなで肩で、体形からいえば男性的とはいい難い。しかし鏡に映る自分の姿は、どうみても、ちっちゃいおじさんだ。かといってエレガントな雰囲気のものを着ると女装したみたいだし、根本的な質《たち》として、やっぱり「男」が私のなかにあるのだ。

たとえばもともとはアウトドア用だったはずのダウンのコートも、中高年女性がよく着ているのは、色がピンク系だったり、ウエストが絞ってあったりペプラムがついていたりと、女性らしいラインのものが多い。そういうデザインであれば、男性とは絶対に間違われないけれど、私には似合わない。若い頃は女性らしい服装が似合わず、女装といわれ、女性ホルモンが減少した今は、ちっちゃいおじさんと女装の間で悩んでいる。結局どっちを選んだとしても、根本的には「男」なのが悲しい。

少しでも女度を上げようと、ずいぶん前に購入したまま、引き出しに入っていたピンク色の地のスカーフを、木綿のコートの下に巻いてみた。苦手な花柄ではないし、大きく広げて巻いたわけでもないので、何とか収まったという感じだ。これまでは寒色のスカーフをすることが多かったのだけれど、これからは女色のスカーフやマフラーをすれば、ちっちゃいおじさん化は緩和されるかもしれない。しかし、寒い日に前のボタンを留めて着た場合、襟元に女色があっても、やっぱりおじさん化するなあと考えていると、コートの上からストールやマフラーを巻いている人がいるのを思い出した。それだと男性っぽい感じが薄まるかも。背が低いのでなるべくコンパクトにしたほうがいいと思っていたけれど、もっと寒くなったらそうしてみよう。

某月某日　やや厚手のメルトンのスカートが穿ける時期になった。この頃は外出するときも、防寒のためにほとんどパンツスタイルで過ごしていたのだが、もしかしたらスカートのほうが暖かいかもしれないと考えはじめた。パンツスタイルだと膝から上がすーすーしてくる。気温が十度台の寒い日、偶然に会った、知り合いの四十代の女性が穿いているのがレギンス一枚だったので、驚いて、

「寒くないの」

と聞いたら、

「これはタイツじゃなくて、暖かいレギンスだから、一枚でも平気なんです」

といわれた。

「ああ、そうなの」

と引き下がるしかなかったのだが、本当にあんなタイツくらいの厚さで、レッグウォーマーもしていないのに、暖かいのだろうか。彼女の錯覚なのではないか。それとも現在のレギンスは、そんなに進歩しているのか。

パンツスタイルにしても、ワイドパンツなら下に防寒用のアンダーパンツを穿けるけれど、私が持っているのはそうではないデザインだし、ストレッチ素材でゆとりがありすぎるとおかしいので、ジャストサイズを選んでいる。となると真冬だと薄手のタイツを穿くのが限界なのだ。

それがスカートの場合は、多少パンツよりも腰まわりにゆとりがあり、ずいぶん前にベビー毛糸で編んだ毛糸のパンツが穿けるので、腰まわりがとても暖かくなる。それに厚手のタイツを穿くと、真冬でもスカートで何とかしのげる。残念ながらその毛糸のパンツを穿くと、腰まわりが分厚くなるために、手持ちのパンツのファスナーを上げるのに、ものすごく苦労する。座っているとファスナーがはじけ飛ぶのではないかと心配になって穿けないのだ。臀部《でんぶ》や太腿《ふともも》がぱつぱつにならない、防寒になる極薄手の肌着がみつかればうれしいのであるが。

某月某日　何年も着る機会がなかったので、黒のオーバーコートをバザーに供出。そのかわりに裏地のついたニットコートを購入。買い出しの際に着てみると、裏地がついているのでかなり暖かい。帰りに銀髪のショートカットで、真紅のウールのコートにグレーのフラノのパンツをお召しになった高齢女性を見た。杖《つえ》をついておられて年齢は八十代半ばくらい。髪の毛もきちんとセットされていて、とても素敵だった。高齢者の赤はいいものである。

某月某日　どういうわけかうちの近所は着物率がとても高い。中高年男性三人、六十代後半から七十代後半くらいの女性五人が、いつも着物をお召しになっている。そのうちのいちばん高齢の女性は、たまに着物をリメイクした洋服をお召しになっていて、それを見るのもまた楽しい。以前見かけたのは、紫色と黒の型染めの小紋を直したと思われる、ふくらはぎ丈のゆったりとしたコートと、黒のワイドパンツ。パンツの生地から類推すると、喪服だったのではないかと思われた。

そして最近は年齢層が下がり、私よりも少し若い、四十代後半くらいの女性で、ふだんに着物を着ている人を三人見かけた。私の狭い行動範囲内では、驚異的な着物の比率になった。都心の住宅地に住んでいる着物仲間の友だちにその話をすると、

「うらやましい。買い物に行ったときに気をつけて見ているんだけど、うちの近所には誰もいないのよ」

と残念そうだ。今日も近所の公園の茶室で茶会があったようで、駅の周辺に着物姿の方々が何人もいらして、思わず顔がゆるんで、つい後にくっついて回り道してしまった。(色無地のあのような凝った地紋は見かけなくなったなあ。あの方の道行《みちゆ》きコートは洒落ている)

などなど、急に彼女たちに振り返られたら、ちょっとあぶない感じになった。

着物姿の人を見ると、自分も着たくなるので、早速、家に帰ってウールの着物に着替える。和装には冬仕様の肌着がある。襦袢や着物の脇の部分には、身八《みや》つ口《くち》という開きがあり、夏はここから風が入ってきて涼しいのだが、冬は逆に寒い。私は胃の経絡《けいらく》が通っている二の腕を冷やすと、てきめんに体調が悪くなるので、とにかく冬場はそれを避けるのが鉄則になる。以前はババシャツも着ていたけれど、味気ないので基本的な肌襦袢に戻した。

そしてその冬用の肌襦袢は、本体は保温性のある綿ガーゼで、袖のみ腕に触れる部分が綿で、外側がポリエステルの二重仕立てになっている。ちょっとふくらんだ袖になっ

ているデザインもかわいらしくて、「男」から抜けられない私としては、女性的な愛すべき衣類なのだ。また着物の上に、ニットの茶羽織を着たら、とっても暖かい。これからは着物にはぴったりの季節になることだし、少しずつ洋服の枚数を減らしつつ、徐々に還暦すぎの着物八割生活に移行していきたいものである。

文庫版あとがき

三年前に単行本になったこの本を、あらためて読み返して驚いたのは、掲載している着物と帯はほとんど残っているけれど、服のほとんどを手放していたことだった。何らかの参考にしようと本を買っていただいた方もいると思うのに、嘘《うそ》をついたような気持ちになってしまい、申し訳ない限りである。

この三年の間に、衣類も含めて一・五トン分の所有品を処分した。洋服で今、手元にあるのは、ニットのロングカーディガン、古着風ジャケット、ソックス用の糸で編んだカーディガンくらいである。快適に穿《は》いていたおばちゃんジーンズもいまひとつ穿く気分ではなくなり、それと同時に劣化してきたものを処分したら、残りは一本になった。こんなに服が手元からなくなっているとは思わなかった。減った分は補填《ほてん》していないので、枚数は減っている。

私の場合は洋服がいちばん処分しやすく、それからもちょこちょこと処分していたら、ファッション業界にいた着物仲間でもある友だちが、これからの私の基本的なワードローブ作りに協力してくれた。その友だちご夫婦は長い間ファッション業界にいた方々なので、私も自分の好みで選んでは、失敗を繰り返していたので、利害関係が発生しない、ファッションのプロのいうとおりにしようと、決意したのである。

そのときの詳しい顛末《てんまつ》は他の本に書いているのでここでは省くけれども、プロのアドバイスは目からウロコの連続だった。手短にいうと自分が似合っていると思っていたものが、実は全然似合っていなかったのだ。または歳《とし》を重ねるにつれて似合わなくなっていっているのに、気がついていなかったのである。これは自分で服をちゃんと選んでいると思っていたので、ちょっと恥ずかしかった。

この本ではチュニックタイプのトップスに、黒のストレートのクロップドパンツを合わせている場合が多い。私としては気になるお尻や太腿《ふともも》が隠れるので安心できたのだが、全体のバランスを見ると、だんだんもっさり感がつのってきて、余計に老けてみえるような気がしてきた。軽快な感じがしないのである。

そこで友だちが、今までは太い下半身が目立つだろうと、私がずっと避けていたワイドパンツ。それも落ち感があり、かつある程度の生地の厚さがあるものと、それに短めのややフレアが入っている、羽織りタイプのジャケットを合わせてくれた。私の体形にはワイドパンツか、サルエルパンツが似合うというのが、友だちとショップの店員さんの一致した意見で、いちばん似合わないのがストレートパンツといわれたのも驚きだった。

プロのおすすめの組み合わせだと、お尻が見えているのにとてもすっきりみえた。またそれでもお尻を出すのにはまだ慣れないので、保険としてお尻が隠れる丈の長さ、膝丈、ふくらはぎ丈のカーディガンを店頭で試着してみたが、お尻を隠す丈のものが中途半端で、いちばんもっさりとする。ふくらはぎ丈は私の身長には長すぎ、膝丈が私の体形には合っていた。私は納得して、クローゼットの中にあった、一生穿き続けるだろうと信じて疑わなかったストレートのクロップドパンツ、チュニック、中途半端にお尻を隠す丈のトップスはすべて処分した。他にもいつか着るだろうと持っていた服もバザーに出した。

その結果、私の衣類の枚数は、喪服、パジャマ、肌着、靴下等をのぞいて、四十三枚になった。結構減らしたと満足していたのだが、シーズンが終わったときに、あらためて引き出しやクローゼットをチェックすると、残した服でも袖を通さないものが何枚もあった。どうして着なかったのかを考えてみると、他に同じような用途のものがあって、そちらのほうをひんぱんに着ていたり、デザインは素敵なのだけれど、クリーニングが面倒などの理由があったので、そういったものを処分して、現在は三十八枚になった。

普段着を含めての枚数なので、人に会うために外出するときの服は、ほとんど同じだ。また同じのを着ていると思われてもいいのだけれど、まったく同じコーディネートにはしたくないので、スカーフやアクセサリーで変化をつけるようにしている。これまでそんなことはしなかったが、外出したときは、その日着た服と会った人をメモするようにもなった。どれも愛着がわく服ばかりなので、同じ格好だけど安心できて気持ちが楽になるのは事実だった。

着物、洋服関係なく、年齢を重ねたら特に、お洒落《しやれ》でなくてもいいから、それなりに身ぎれいでいたい。衣類をすべて着物にしてしまえば、こういった問題は起こらないのだが、私の現状では難しい。着ていく場所によっては、和装だとこちらのゴリ押し感が強くなる場合もあるのでそれは避けたい。衣服にまつわるもろもろを含めて、それを楽しみつつこれからも過ごしていきたいと思っている。

二〇一八年三月

本書は、二〇一五年六月、集英社より刊行されました。

初出　集英社WEB文芸レンザブロー
二〇一三年五月一〇日〜二〇一四年一二月一二日

本書に登場する衣類、小物類はすべて著者の私物です。現在では、入手困難なものもあります。また、漢方薬局に関するお問い合わせにはお答えできません。ご了承ください。

集英社文庫

衣《ころも》にちにち

2018年3月25日　第1刷　　定価はカバーに表示してあります。
2018年6月6日　第4刷

著　者　群《むれ》　ようこ

発行者　村田登志江

発行所　株式会社　集英社
東京都千代田区一ツ橋2-5-10　〒101-8050
電話　【編集部】03-3230-6095
【読者係】03-3230-6080
【販売部】03-3230-6393（書店専用）

印　刷　凸版印刷株式会社

製　本　凸版印刷株式会社

フォーマットデザイン　アリヤマデザインストア　　マークデザイン　居山浩二

本書の一部あるいは全部を無断で複写複製することは、法律で認められた場合を除き、著作権の侵害となります。また、業者など、読者本人以外による本書のデジタル化は、いかなる場合でも一切認められませんのでご注意下さい。

造本には十分注意しておりますが、乱丁・落丁（本のページ順序の間違いや抜け落ち）の場合はお取り替え致します。ご購入先を明記のうえ集英社読者係宛にお送り下さい。送料は小社で負担致します。但し、古書店で購入されたものについてはお取り替え出来ません。

© Yoko Mure 2018　Printed in Japan
ISBN978-4-08-745715-5 C0195